毎月

目標達成できる

PDCA営業

株式会社プロジェクトプロデュース
代表取締役
亀田啓一郎・
コア・パートナー
石田幸子【著】

秀和システム

はじめに

営業職には数値的な目標、ノルマが付きものだ。これが大きなプレッシャーになっている人も多いだろう。

「お客様とのやりとりは楽しいのに……」
「お客様が抱える問題を解決していくことには、やり甲斐を感じているのに……」
「もっとお客様の立場に立って、最適な提案をしたいのに……」

でも、

「課せられた営業目標、ノルマの達成を考えると、営業側の都合をお客様に押し付けようとしている自分がいる……」

こんなジレンマを感じ、営業という仕事の面白さを見失いかけている人が多いのではないだろうか。

私たちは、毎年1500人以上の営業や接客部門の方々と、研修やワークショップで接してい

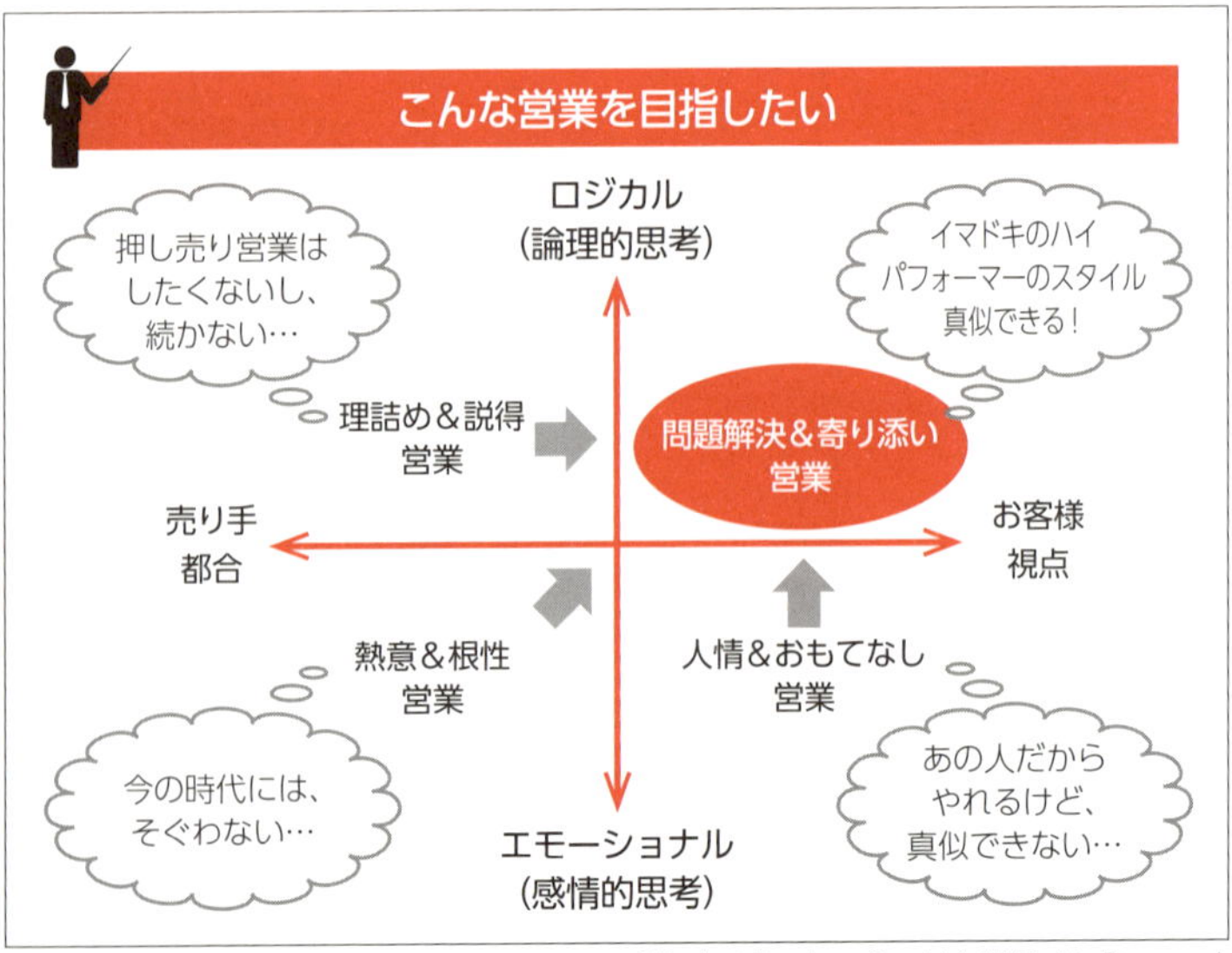

る。そこから伝わってくるのは、

「自分に課せられた営業目標やノルマは、責任をもって達成したい!」

「気持ち的にも、時間的にも余裕をもって、お客様に寄り添い、問題解決できる営業になりたい」

という声だ。図「こんな営業をめざしたい」で言うと、右上の営業だ。

そんな理想論を実現できている人など、本当にいるのか?

そして、なれるのか?

私たちの答えは、

「理想を実現できている人はいる。そして、PDCAを地道に回すことで、必ずなれる!」だ。

私たちは、仕事柄、トップセールスを続けているハイパフォーマーにインタビューを長年行ってきた。ハイパフォーマーとは、高い顧客満足度を維持しつつ、継続的に目標を達成し続けている人のことだ。そのインタビュー人数は1000人を超える。

つまり、私たちが話をお聞きできた方だけでも、1000人はいる。そして、私たちが実施している研修やワークショップの参加者のなかでも、努力を重ねてハイパフォーマーへと成長した人を何人も見てきた。

「ハイパフォーマーは、もともと営業センスがあるんだよ」という人がいる。これは、図「こんな営業をめざしたい」で示している縦軸のエモーショナル（感情的思考）の強い営業スタイルで成功しているハイパフォーマーのことをさしているのかもしれない。

そんな方にこそ、本書をおすすめしたい。

「営業センスは、後天的にも磨かれる」

「営業手法は十人十色、千差万別だが、パターン認識によって習得スピードはアップする」

「経験から学び、真似るコツを知ることで、数少ない経験でも、短期間で売れるコツを身に付けることができる」

これが、私たちの考え方である。

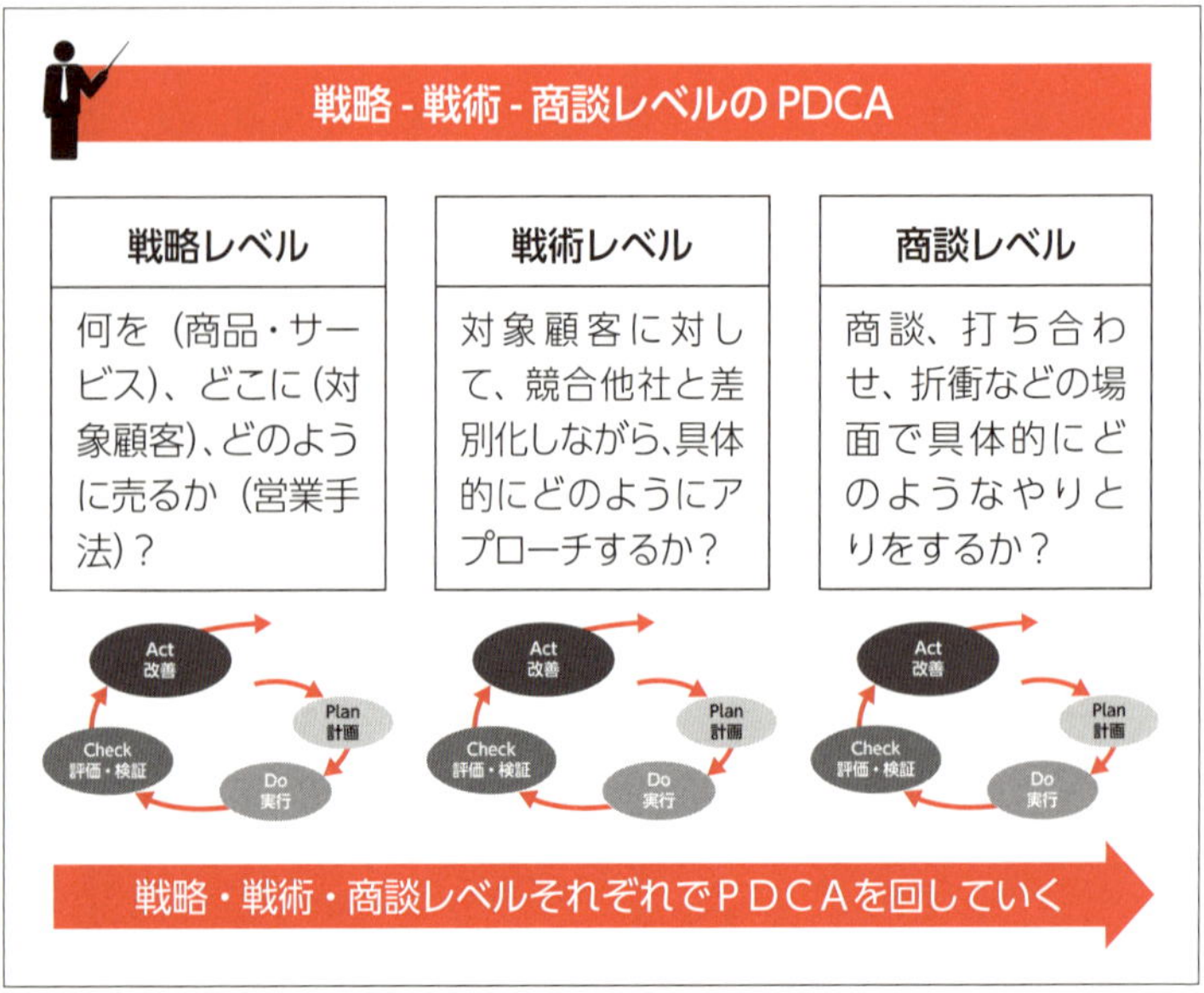
戦略 - 戦術 - 商談レベルの PDCA
戦略レベル
何を（商品・サービス）、どこに（対象顧客）、どのように売るか（営業手法）？
戦術レベル
対象顧客に対して、競合他社と差別化しながら、具体的にどのようにアプローチするか？
商談レベル
商談、打ち合わせ、折衝などの場面で具体的にどのようなやりとりをするか？
Act 改善
Plan 計画
Do 実行
Check 評価・検証
戦略・戦術・商談レベルそれぞれでＰＤＣＡを回していく

本書では、多くの読者が真似ることができるよう、ハイパフォーマーが行っている営業を論理的、構造的に整理し、ＰＤＣＡの考え方を具体例を用いながら解説している。

ＰＤＣＡを一言で言えば、「物事を継続的に実行しながら改善していく考え方」である。

ではなぜ本書では営業という仕事にスポットライトを当ててＰＤＣＡを語ろうとしているのか？

それは営業活動こそ、地道で継続的な実践を通して精度を高め、正解を見出していく仕事だからだ。インタビューしたハイパフォーマーは、戦略、戦術、商談という3つのレベルで、Ｐ

DCAを回すことで営業活動の精度を高め、楽に目標達成し、楽しく仕事をし続けている。

責任として果たすべき営業目標は継続的に達成しつつ、お客様にも満足していただき、そして自分にとっても納得のいく仕事がしたいと思っている、営業や営業マネジャーはたくさんいると思う。

そんな方に明日からでも実践できるノウハウを提供したいと思い、執筆したつもりである。

二〇一九年　七月　吉日

株式会社プロジェクトプロデュース
代表取締役　亀田啓一郎
コア・パートナー　石田幸子

本書の読み方

本書では、営業成果に影響を与える要素を「戦略」「戦術」「商談」という３つの観点で整理し、効果的にPDCAを実践する具体的な方法を紹介している。

第１章、第２章は、３つの観点を総合的にとりあげている。

第３章以降は、「戦略」「戦術」「商談」をそれぞれ詳細に解説をしている。第３章以降については、次のチェックリストで当てはまる項目が多いテーマを重点的に読んでみてほしい。

戦略レベルのPDCAチェックリスト

本書での「戦略」とは、何を（商品・サービス）、どこに（対象顧客）、どのように売るか（営業手法）を表したもの

- □ 買ってくれそうな対象（人や会社）がすぐに思い浮かばない
- □ 自分だけ受注率が極端に低い
- □ 営業成績が安定しない、好不調の差が大きい
- □ アポイントの取りやすい顧客のところに行っているが商談にならない
- □ 売れないのは景気や商品・サービスの価格のせいだと思っている
- □ 担当顧客に対して同じパワー配分で営業している

チェックが多い人は　第３章を重点的に確認！

戦術レベルの PDCA チェックリスト

本書での「戦術」とは、戦略を実行するための具体的な手法のこと

- □ 訪問先のお客様と売りたい商品が決まっていても、受注までのストーリーが描けない
- □ 商談のゴールイメージが曖昧なまま、お客様と話を始めてしまう
- □ 次に何をすれば商談が進むのか、思い浮かばないことがある
- □ 担当者は合意していたが、最後の最後で失注することがよくある
- □ 初回訪問はしたが、2 回目のアポイントが取れずに困っている

チェックが多い人は　第 4 章を重点的に確認！

商談レベルの PDCA チェックリスト

本書での「商談」とは、お客様との商談、打ち合わせ、折衝などの具体的なやりとり

- □ 何度も上司や先輩と営業同行をしているのに、なかなか真似できない
- □ 同じように商品説明をしているつもりなのに、お客様の食いつき方が違う
- □ 他人の商談や事例には、あまり興味がない
- □ 「ニーズ（課題）は何ですか？」とストレートに聞いてしまう
- □ 「今は買うタイミングではないんだよね……」と顧客に言われるとニーズが無いと思ってしまう
- □ 自社の商品の機能やすぐれていることをしっかり説明しているつもりだが、顧客に響かない

チェックが多い人は　第 5 章を重点的に確認！

第1章 戦略×戦術×商談の掛け算で売上は大きく変わる

第2章 好業績を維持できる人と低迷している人とはどこが違うのか？

第3章　戦略レベルのPDCAの回し方

第4章　戦術レベルのPDCAの回し方

第5章　商談レベルのPDCAの回し方

第1章

戦略×戦術×商談の掛け算で売上は大きく変わる

1 営業活動のPDCAには戦略レベル、戦術レベル、商談レベルの3つがある

一般的な戦略や戦術に関する定義や解説は、様々な書籍などで述べられているため、ここでは省略したい。本書では、営業活動に領域を絞って戦略・戦術・商談という用語を使用するので、その言葉の認識をここで合わせておこう。

①営業活動における戦略とは何か？

いわゆる「営業戦略」と言われているものである。皆さんの会社でも、「三カ年計画に画期的な営業戦略を盛り込んでほしい」とか「営業戦略をブレずに実行せよ」などというやりとりがあるかと思う。本書ではその「営業戦略」を次のように定義する。

営業戦略とは、「何を（商品・サービス）」「どこに（対象顧客）」「どのように売るか（営業手法）」

営業活動における“戦略”とは

「何を（商品・サービス）」「どこに（対象顧客）」「どのように売るか（営業手法）」を表したもの。
「どのように」の部分には、次の２点が含まれる

① 自社の商品やサービスの特徴を
どのように活かして、
顧客のどのようなニーズを満たすのか？

② 自社の商品やサービスの特徴を
どのように活かして、
競合との違いを出すのか？

を表したものである。また、「どのように」の部分には、次の2点が含まれるものとする。

・自社の商品やサービスの特徴をどのように活かして、顧客のどのようなニーズを満たすのか？

・自社の商品やサービスの特徴をどのように活かして、競合との違いを出すのか？

例えば具体的な商品として、見た目は悪いが抜群に甘いリンゴを例に、その営業戦略を考えると次のようになる。

【戦略案1】見た目よりも味重視のお客様を対象に、街のスーパーの青果売り場に並べてもらい、他のリンゴよりも安い値段で売る

営業戦略の例

「見た目は悪いが抜群に甘いリンゴ」 ← 何を（商品・サービス）

【戦略案１】

見た目よりも味重視のお客様を対象に、 ← どこに（対象顧客）

街のスーパーの青果売り場に並べてもらい、

他のリンゴよりも安い値段で売る ← どのように（営業手法）

【戦略案２】

飲料メーカーに対して、 ← どこに（対象顧客）

“プレミアム・リンゴジュース”に最適な原料

として提案し、他のリンゴよりも高い値段で

提供する ← どのように（営業手法）

【戦略案２】飲料メーカーに対して、〝プレミアム・リンゴジュース〟に最適な原料として提案し、他のリンゴよりも高い値段で提供する

この２つの案は、同じ商品だが売り先や売り方が全く異なっている。どちらをやってもある程度は売れるはずだが、どちらがより有効な戦略なのかは、やってみないとわからない部分もある。そうなると、継続的な実践を通して**PDCAサイクルを回して、有効な売り先、有効な売り方を模索すること**になる。まさに、これが**戦略レベルでのPDCA**である。

②営業活動における戦術とは何か？

戦術とは、戦略を実行するための具体的な手法である。つまり、先ほど「営業戦略」の部分で記した**「どのように売るか（営業手法）」**の部分を、**より具体的に表現したもの**である。もう少し補足すると、**お客様が自社の商品やサービスを購入するまでのストーリーを体系化して描いたものである。**

先ほどの【戦略案1】を例に説明すると、**街のスーパーの青果売り場に並べてもらうまでのストーリー**があるはずだ。

22ページの図「【戦略案1】見た目は悪いが抜群に甘いリンゴの営業戦術例」をもとに営業戦術の例を説明しよう。例えば、スーパーのバイヤー（仕入担当）にアポを取り商談の機会を得て、「この店には安くて美味ければ見た目は気にしないという客層は確かにいるな！」という同意を取り付ける必要がある。次に、バイヤーと卸値などの条件を折衝して、店長や仕入本部と掛け合い、決裁をもらうプロセスがあるはずだ。この一連の営業プロセスにおいても、相手となるスーパーの状況や仕入れの決裁方法、バイヤーのタイプなどによって、効果的、効率的な手法があるに違いない。客層に関してバイヤーから同意を取り付けるには、スーパーの顧客にお買い物アン

営業活動における“戦術”とは

戦略を実行するための具体的な手法

✓「営業戦略」のうち「**どのように売るか（営業手法）**」の部分を、**より具体的に表現**したもの

✓ お客様が自社の**商品やサービスを購入するまでのストーリーを体系化**して描いたもの（＝勝ちパターン）

【戦略案１】見た目は悪いが抜群に甘いリンゴの営業戦術例

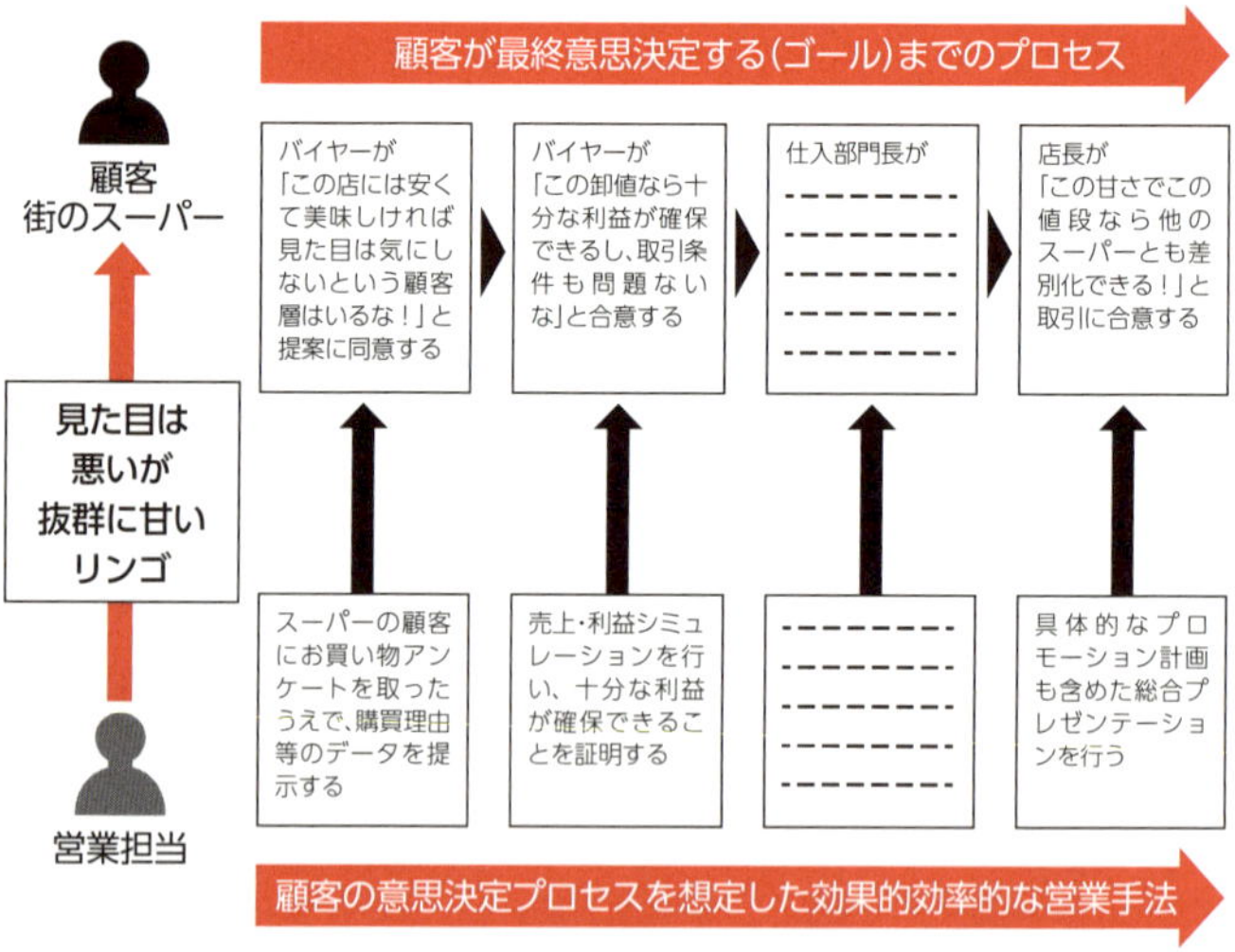

優秀な営業は、上記のような構造で成功した営業戦術を「勝ちパターン」として身につけている

ケートを取ったうえで、購買理由等のデータを提示することが有効なアクションになるかもしれない。

事実、私たちは企業の営業部門へのコンサルティングや研修サービスを提供するなかで、様々な業種の優秀な営業担当者にインタビューを行ってきた。そこからわかったことは、**優秀な営業担当は、商談を効果的、効率的に進めていく「勝ちパターン」をもっている**ことである。

この「勝ちパターン」を形成することこそが営業活動における戦術である。そして、その勝ちパターンを形成していくには、戦術レベルでのPDCAサイクルを回す必要がある。

③戦術と商談との違いは何か？

引き続き、先ほどのスーパーのバイヤー（仕入担当）への営業例を引用すると、「戦術」は、お客様であるバイヤーが商品の仕入れを意思決定して店頭に並べてもらうまでのストーリーを体系的に描いたものである。

一方、本書で用いる**「商談」という言葉の意味は、一連のストーリーの中でお客様と何度も行うことになる商談、打ち合わせ、折衝などの具体的なやりとり**を示している。先ほどのスーパーを例にとると、いろんな場面がイメージできると思う。

・当初あまり乗り気ではないバイヤーに、リンゴを一口試食してもらい、美味しさを認めてもらうやりとり

・「店長や仕入本部の上司への説得が難しいよ」と、弱腰なバイヤーに説得材料となる資料を説明するやりとり

・卸値、仕入量、支払い条件などを交渉するやりとり　などなど

まさにお客様と面と向き合い、合意点を見出す勝負の場面である。本書ではこのやりとり自体を営業活動における商談シーンとして表現している。

読者の皆さんもこの部分についてはイメージしやすいと思う。この「商談」場面においては、経験を積み、場数をこなすことでコツを覚えるようになる。**優秀な営業ほど、この商談レベルでのPDCAを上手く回して、要領よくコツを身に付けている。**一方、その具体的なやり方は、属人的でブラックボックス化されやすい。その結果、そのノウハウを他の営業が真似たり、営業組織内で共有することが難しい。

営業活動における"商談"とは

一連のストーリーの中でお客様と何度も行うことになる商談、打ち合わせ、折衝などの具体的なやりとり

「見た目は悪いが抜群に甘いリンゴ」の【戦略案1】の商談の例

- ✓ 当初あまり乗り気ではないバイヤーに、リンゴを一口試食してもらい、美味しさを認めてもらうやりとり
- ✓ 「店長や仕入本部の上司への説得が難しいよ」と、弱腰なバイヤーに説得材料となる資料を説明するやりとり
- ✓ 卸値、仕入量、支払い条件などを交渉するやりとりなどなど

戦略－戦術－商談レベルのまとめ

戦略レベル	戦術レベル	商談レベル
何を（商品・サービス）、どこに（対象顧客）、どのように売るか（営業手法）？	対象顧客に対して、競合他社と差別化しながら、具体的にどのようにアプローチするか？	商談、打ち合わせ、折衝などの場面で具体的にどのようなやりとりをするか？

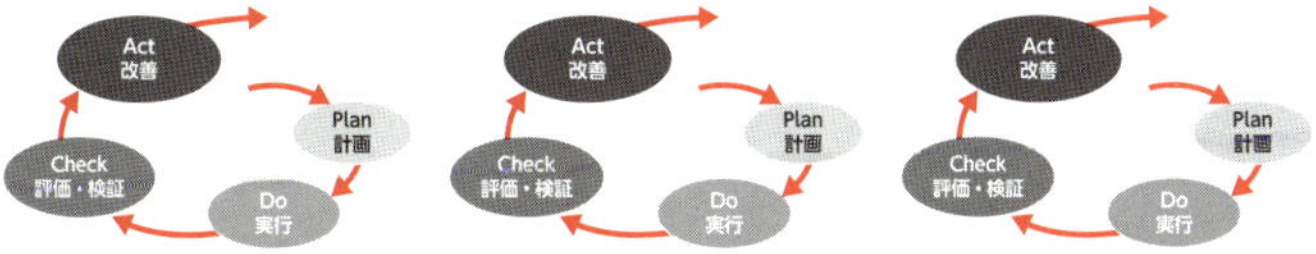

戦略・戦術・商談レベルそれぞれでＰＤＣＡを回していく

2 3つのレベルのPDCAを回すことで営業力は大きく伸びる

では、戦略、戦術、商談レベルでの優劣の差はどのようにでるのか？　もう少し具体的に説明しよう。

①顧客を仕分ける〝箱〟をもっているか？

図「顧客を仕分ける箱」を見ていただきたい。縦軸に「受注時に期待できる取引規模」、横軸に「お客様のニーズの強弱、競合優位性、顧客親和性」で区分けされたマス目がある。このマス目のことを、マーケティング用語では**顧客セグメント**と表現したりする。つまり、顧客を属性によってどのように仕分けして、どこに優先的に営業パワーを配分するかを決めるための判断基準になるものだ。

ただ、最初からこのように仕分けされて顧客が見えているわけではない。実際には、営業経験

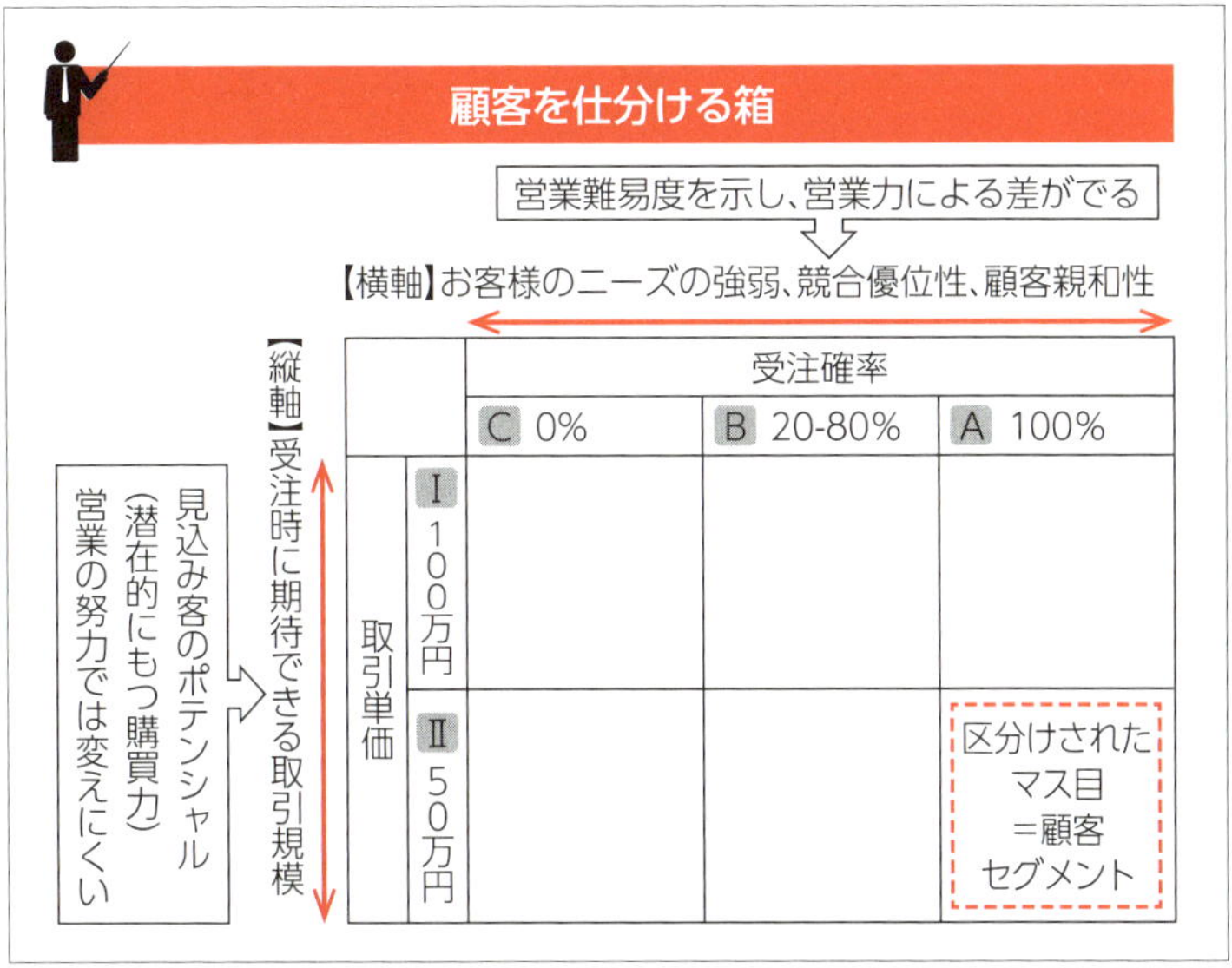

を積みながら**PDCAを回すことで、顧客を仕分ける"箱"が見えてくるのである。**

図「顧客を仕分ける箱」の説明にもどると、ある商品Xを法人企業向けに売ると仮定しよう。その商品は、企業の従業員規模や事業形態によって、その取引単価が大きく異なるものとする。ここでは、わかりやすく取引単価が、100万円になる場合と50万円の取引にしかならない2パターンがあると設定する。

当たり前だが、縦軸の取引単価100万円の顧客［I］の方が営業的には優先順位が高くなる。ただ、この縦軸の特徴としては、取引単価が決まる条件は、企業の従業員規模や事業形態なので、**営業努力によっ**

て、単価の低い［Ⅱ］に属する顧客を［Ⅰ］の属性に変えることはできないということである。

つまり、**縦軸が示しているのは、見込み客のポテンシャル（潜在的にもつ購買力）**で、言い換えると、営業的に期待できる取引規模となる。

皆さんが営業している商品も取引相手によって取引規模が異なる場合は多々あるだろう。その中で営業努力によって取引が増えるのであれば大いに努力すればよいが、最初からそれが望めないとわかっている場合は、その努力は無駄になる。縦軸はその判断基準となる。自分が担当するお客様も、このような縦軸で分類できそうかどうか考えてみてほしい。

次に横軸について説明しよう。これは受注確率の高低を表している。一般的に**受注確率は、お客様のニーズの強弱（お困り度）や競合優位性もしくは顧客親和性で決まる。**

例えばこの場合、商品Xには競合商品Yが存在するとしよう。顧客にとって、競合商品Yがとても使い勝手がよい商品だった場合、頑張って営業しても切り替えてもらえる確率は低くなる。また、競合商品Yを販売している会社と親しくしている顧客の場合も営業的に攻略することは難しくなる。創業から長年取引しているとか、資本関係がある、お客様と営業側の人間関係が良好である、などが例として挙げられる。

横軸の右側のAゾーンに位置する顧客は、楽に営業できる顧客群といえる。また、左側のCゾーンはその逆で難攻不落の顧客群となる。皆さんの営業先にもAやCゾーンに当たるお客様は一定比率存在すると思う。そして、一般的には、その中間に位置するBゾーンに多くの顧客が存在し、競合戦が繰り広げられている。

この横軸のBゾーン顧客に対しては、営業力による差がでる部分であり、言い換えると、受注確率に大きな開きがでるところになる。ここまでが、「顧客を仕分ける箱」の説明である。

ここで、皆さんに問題を出したい。

【問題】

30ページの図「【問題】どのような優先順位でアプローチするか？」に示すとおり、取引規模と受注確率が異なる見込み客が均等に5社ずつ存在する、合計30社の見込み客リストを毎月提供されたとしよう。ただし、1カ月に営業できる社数は、10社が限界とする。**あなたならば、どのような優先順位でアプローチするだろうか？**

【問題】どのような優先順位でアプローチするか？

取引規模と受注確率が異なる見込み客が均等に5社ずつ存在する、合計30社の見込み客リストを毎月提供されたとしよう。
ただし、1か月に営業できる社数は、10社が限界とする。

商品の競合優位性もしくは顧客親和性

受注時に期待できる取引規模

		受注確率		
		C 0%	B 20-80%	A 100%
取引単価	Ⅰ 100万円	(5社)	(5社)	(5社)
	Ⅱ 50万円	(5社)	(5社)	(5社)

【答え】

戦略的な思考をもっている営業は、この顧客を仕分ける箱が見えている。言い換えると、「**この商品Xなら、どこに（対象顧客）売りに行けばよいか」がわかっているのだ。**だから、真っ先に図右上のＡ－Ⅰゾーンに営業パワーを集中させ、効率よく売上を確定させる。つまり、月10件訪問できる営業パワーの50％をＡ－Ⅰゾーンに集中させ、早々に５００万円の売上を確定させる。

一方、**戦略的な思考が欠如していると、顧客を仕分ける箱という概念がなく、優先順位をつけることができない。**だから、月10社の営業パワーを分散させて、効率の悪いアプローチをしてしまうことになる。

さらに差がつくポイントは、Ｂゾーンの顧客へのアプローチだ。**戦術、商談力に長けた営業は、この領域で勝てる自信があるので、**営業パワーをＢ－Ⅰゾーンの高単価顧客に集中させ、高い受注確率で売上を稼ぐことができる。つまり、Ａ－Ⅱゾーンに５件の営業パワーを掛けても２５０万円だが、営業戦術、商談力を活かして高単価のＢ－Ⅰゾーンに５件訪問する方が４００万円の売上になる可能性が高いことがわかっているので、ここに営業パワーを集中させる。

一方、**戦術、商談力に劣る営業は、競合との差別化や顧客と関係構築する力がないため、この**

【解説】どのような優先順位でアプローチするか？

取引規模と受注確率が異なる見込み客が均等に5社ずつ存在する、合計30社の見込み客リストを毎月提供されたとしよう。
ただし、1か月に営業できる社数は、10社が限界とする。

お客様のニーズの強弱、競合優位性、顧客親和性

受注時に期待できる取引規模

			受注確率		
			C 0%	B 20-80%	A 100%
取引単価	I 100万円	社数	(5社)	(5社)	(5社)
		◎優秀な営業	この領域には営業パワーを割かない	**5社×80%**×100万 **=400万円** この領域で勝てる自信があり、営業パワーを高単価顧客に集中させ、高い受注確率で売上を稼ぐことができる	**5社**×100%×100万 **=500万円** ここに営業パワーを集中させ、効率よく売上を確定させる
		×劣る営業	**10/6社×0%** ×100万=0万円	**10/6社×20%** ×100万=33万円	**10/6社**×100% ×100万=167万円
			見込み客の分布がわからず、月10社の営業パワーを6つの領域に分散させて、満遍なくアプローチ。営業力がなくB-Iゾーンの受注確率は低い。		
	II 50万円	社数	(5社)	(5社)	(5社)
		◎優秀な営業	この領域には営業パワーを割かない		
		×劣る営業	**10/6社×0%** ×50万=0万円	**10/6社×20%** ×50万=17万円	**10/6社**×100% ×50万=83万円
			見込み客の分布がわからず、月10社の営業パワーを6つの領域に分散させて、満遍なくアプローチ。営業力がなくB-IIゾーンの受注確率は低い。		

◎優秀な営業の場合　　：500＋400＝**900万円**
×劣っている営業の場合　：167+83+33+17=**300万円**

⇒最初の1カ月で、3倍の差がつくことになる！

領域で受注率を伸ばすことができない。実際の営業場面でのB－Ⅰゾーンのお客様は、大手企業で大型受注は期待できるけれども、競合会社がひしめいている場合が想定される。そうなると、「ちょっと無理だなあ……」という苦手意識が先行してしまい、営業をあきらめてしまう場合が多いだろう。**売れない営業のよくあるパターンとしては、親和性は高いが（つまり仲良しだが）、これ以上足を運んでも発注がもらえないようなA－Ⅱゾーンのお客様ばかりに営業パワーを割いて、無理なお願い営業をしてしまうことである。**

②戦略×戦術×商談レベルの掛け算で優劣の差は、どれくらいになるか？

図「【解説】どのような優先順位でアプローチするか？」を見てほしい。そこには、どのゾーンでどれだけの売上が上がるのかを示した計算式を載せている。

優秀な営業の場合：500万＋400万＝900万円
劣っている営業の場合：167万＋83万＋33万＋17万＝300万円

最初の1カ月で、3倍の差がつくことになる。これが3カ月、4カ月と続くと、さらにその差は広がってしまうのだ。

あくまでもこの条件でのシミュレーションに過ぎないが、**戦略レベルでＰＤＣＡを回すことができない営業は、営業パワー配分の優先順位がつけられず、場当たり的な営業を繰り返す。戦術・商談レベルのＰＤＣＡが回せない営業は、いつまでたっても受注確率が低く効率の悪い営業が続いてしまう。**

その戦略・戦術・商談レベルの力量を掛け合わせると、売上格差は大きく広がるというイメージはつかんでいただけたと思う。

第2章

好業績を維持できる人と低迷している人とはどこが違うのか?

この章では、第1章で整理した、営業活動のPDCAの戦略レベル、戦術レベル、商談レベルの概念を用いて、好業績を維持できる人と低迷している人の違いをもう少し詳しく紐解いていきたい。

なお、これ以降、**好業績を安定的に維持できる人、つまり毎年目標を達成し続けている人をハイパフォーマー（High Performer）と呼ぶ**こととする。

1 戦略レベルの違い

①営業目標の「達成シミュレーション力」が違う！

営業にとって重要なミッションは与えられた業績目標を達成することにほかならない。多くの営業は売上目標や利益目標に代表される定量目標を与えられているだろう。それが、年間、半年、月単位、場合によっては週単位に落とし込まれて設定されている。

多くの営業は、与えられた目標数字の達成のために日々の営業活動をしているわけだが、ハイ

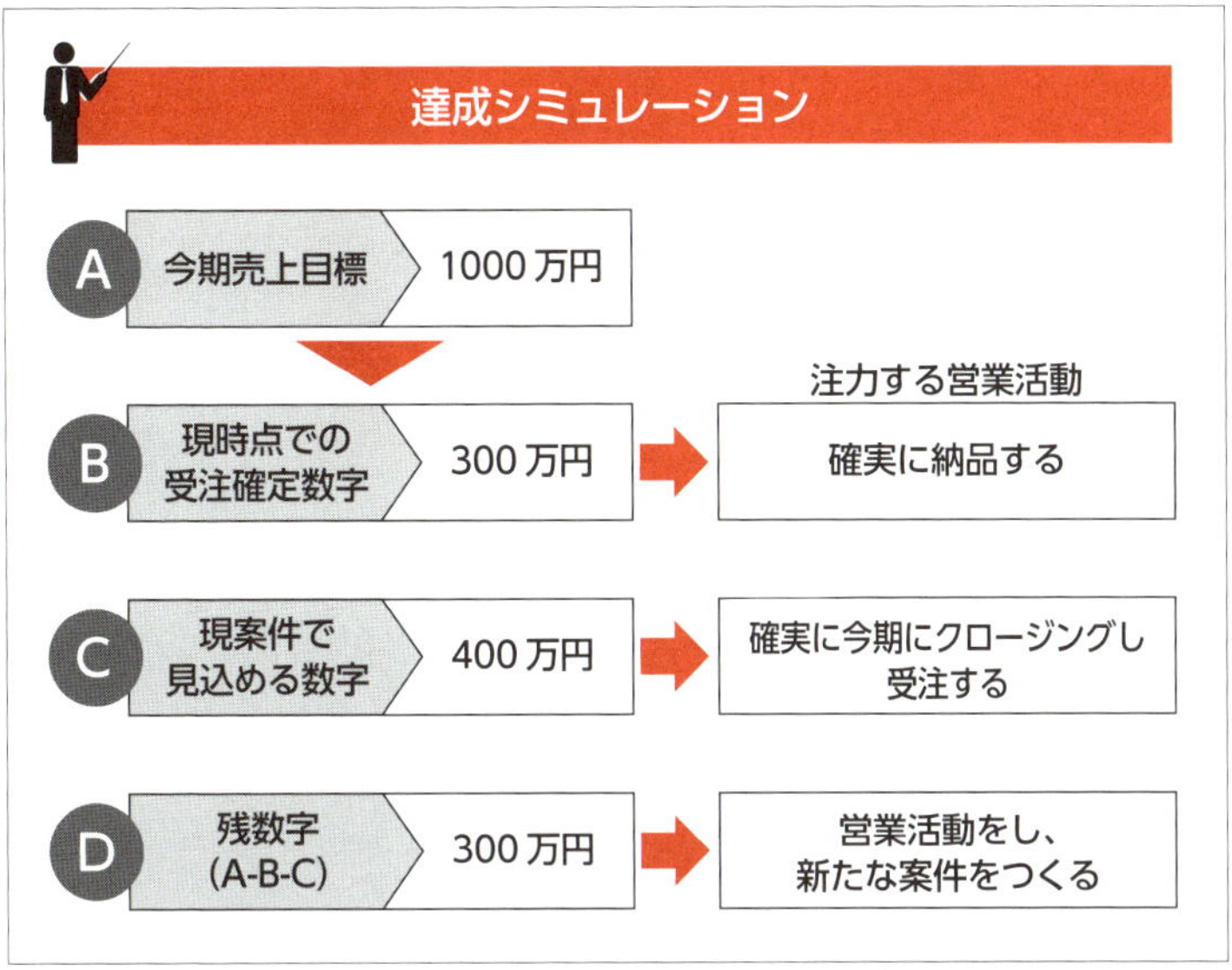

パフォーマーは何が違うのか？

例えば、半年後にフルマラソンに出て完走をめざすという目標を掲げた場合、皆さんはどうするだろうか？たいていの人は、今の自分の実力をチェックし、どれくらい走れるのか、走れない場合は、どうしたら完走できるのかを、まずは考えるだろう。そして、1カ月後には10キロ走れるようになろう、そのためには体力をつけなければならないので食事改善もしようなど、いろいろな対策を練っていく。こういった、フルマラソンを完走するためのシミュレーションをしていくだろう。

営業活動も同様に、与えられた目標を達

成するためには、目標達成に向けたシミュレーションが重要だ。ハイパフォーマーは、目標を確実に達成するためのシミュレーションを徹底しているのだ。

例えば、37ページの図「達成シミュレーション」に示した通り、今期の目標が1000万円だとしよう。現時点での確定金額が300万円だとすると、その残りの金額700万円を埋めるのに、現時点での商談中の案件で400万円は見込める。そうすると、300万円が今期全く見えない数字になる……といった具合に数字を見ていく。ここまでは単なる数字の計算に過ぎない。

差がつくポイントは、変化する数字を常に把握し、目標達成までの残りの数字に対して、**自分の営業パワーの配分をシミュレーションしているか**どうかにある。

図「達成シミュレーション力とは」の例でいえば、受注している案件の納品活動、クロージングして受注する活動、新規案件をつくる活動といった3つの活動をバランスよくやらねばならない。

ありがちなケースとしては、緊急度が高い「納品活動」や「商談中の案件のクロージング」に意識が向いてしまい、新規案件を獲得する活動が後回しになる。あわてて期末近くになって新規案件の獲得活動にパワーを注ぐが、間に合わず未達成が続いてしまう場合が多い。

第1章の最後で、戦略レベルでPDCAを回すことができない営業は、**パワー配分の優先順位**

達成シミュレーション力とは

変化する数字を常に把握して、目標達成までの残りの数字に対して、自分の営業パワーを何の活動にどのように配分すればよいかをシミュレーションできる力

◎ 月単位や週単位のタイミングで頻繁に数字を更新し、自分が追いかけるべき金額ボリュームを明確に認識

◎ パワー配分を修正し、目標達成に向けたシミュレーションを習慣化

◎ 先々の数字を頭に入れ、早め早めの案件の仕込み活動を効率的に行っている

➡ **これらのことを常に行うことで、達成確率を高めている**

× パワー配分の優先順位がつけられず、場当たり的な活動を繰り返す。

× 期初に立てた計画を見直すことを怠り、目標達成までに必要な金額ボリュームがわからなくなる。そのため、追いかけるべき数字に対する認識が希薄になる。

➡ **自転車操業的な動きになり、達成確率が低くなる**

がつけられず、場当たり的な活動を繰り返す特徴があることを述べた。これは数字のシミュレーション方法に密接に関連している。売上予測を期の初めに行う人は数多くいるだろう。しかし期がスタートすると、つい見直すことを怠ってしまう場合が多い。そうなると目標達成までに必要な金額ボリュームがわからなくなってしまう。つまり、**追いかけるべき数字に対する認識が希薄になる**のだ。

ハイパフォーマーは、月単位や週単位のタイミングで頻繁に数字を更新し、**自分が追いかけるべき金額ボリュームを明確に認識**している。その金額に合わせてパワー配分を修正し、**目標達成に向けたシミュレーションを習慣化**しているのだ。しかも当月の数字だけではなく、何カ月も先の数字を予測している。つまり、先々の数字を頭に入れ、早め早めの案件の仕込み活動を効率的に行っているので、目標達成確率を高めることができる。そのため、安定した業績を維持することができるのだ。ハイパフォーマーは、明らかに**シミュレーションの緻密さが違う**のだ。

②「売れ筋の見極め力」が違う！

営業活動の戦略レベルの大きなテーマは、「何を（商品・サービス）」「どこに（対象顧客）」「ど

売れ筋の見極め力とは

売り物と売り先のマッチング力

商品を買ってくれる可能性の高い『お客様の検索ワード（＝ターゲット・セグメンテーション軸）』を出すことが鍵。

『お客様の検索ワード』は、営業として実践できる具体的なレベルで表現することがポイント。

のように売るか（営業手法）」ということを第1章の冒頭に述べた。**ハイパフォーマーは、商品と対象顧客の結びつけに長けており**、本当に買っていただけるお客様を見極めて優先的に案内している。

ハイパフォーマーは、よく「嗅覚が鋭い」と言われているが、それはまさに「売れ筋の見極め力」のことを言っている。つまり、**売り物と売り先とのマッチング力が、「売れ筋の見極め力」**である。

では、好業績を維持している人は売れ筋をどのように見極めているのか。

私たちは、仕事柄多くのハイパフォーマーにインタビューを行ってきた。その中で売れ筋の見極めについて共通の特徴があることがわかった。それは、**商品を買ってくれる可能性の高い『お客様の検索ワード』がたくさん出てくる**ということである。その検索ワードを、マーケティング用語では、ターゲット・セグメンテーション軸というのだが、ハイパフォーマーは**ターゲット・セグメンテーション軸を実践的なレベルで具体的に示す**ことができるのである。

わかりやすい例で説明するとしよう。

例えば、ガスファンヒーターの営業担当に「冬、街中を巡回しながら、すぐ買ってくれそうなお客様を見つけるには、どこに着目するとよいか？」という質問したとしよう（まさに、対象顧客を絞り込む、検索ワードを問う質問だ）。

「そりゃあ、灯油のポリタンクが玄関先に置いてある家だよねー」
「特に、お年寄りの洗濯物が干してあったりしたら、かなり購入確率は高いよ」
といったキーワードが、ハイパフォーマーからは間髪入れずに出てくるのである。

なぜ、そのキーワードなのか？と聞けば、
「ほぼ確実に現在、石油ストーブを使っているわけだよね」
「石油ストーブに比べて、ガスファンヒーターはすぐに温まるし、灯油を入れ替える手間もなければ、火災や一酸化炭素中毒になるリスクも低い。特にお年寄りの方にとってはありがたいはずなんだよー」

お客様の検索ワードの例

「冬、街中を巡回しながら、ガスファンヒーターをすぐ買ってくれそうなお客様を見つけるには、どこに着目するといいか？」

◎ 灯油のポリタンクが玄関先に置いてある家

◎ 特に、お年寄りの洗濯物が干してある家

✓ほぼ確実に現在、石油ストーブを使っている

✓石油ストーブに比べて、ガスファンヒーターはすぐに温まるし、灯油を入れ替える手間もなければ、火災や一酸化炭素中毒になるリスクも低く、特にお年寄りの方にとってはありがたいはず

➡顧客にとっての利便性や競合差別化になる根拠があり、行動につながる

× 石油ストーブを使っていて、不満をもっている人

➡巡回していても不満をもっているご家庭なのかの見極めができない

という感じで、**顧客にとっての利便性や競合差別化になる根拠がすぐに出てくる。**

「石油ストーブを使っていて不満をもっている人」という答え方は決してしない。これでは巡回していても不満をもっているご家庭なのかの見極めができないからだ。

ハイパフォーマーは、商品を買ってくれる可能性の高い『お客様の検索ワード』を、営業として実践できる具体的なレベルで表現するのだ。**行動レベルまで落とし込めなければ、売り先を絞り込めたとはいわない**のだ。

2 戦術レベルの違い

①勝てる営業ストーリーを組み立てる「勝ちパターン形成力」が違う！

営業戦術とは、戦略を実行するための具体的な手法のことであり、お客様が自社の商品やサービスを購入するまでのストーリーを体系化して描いたものである。

ハイパフォーマーは、その営業ストーリーを高い再現性で、効果的に実践できるよう体系化し

勝ちパターン形成力とは

勝ちパターンとは、
成果に結びつく、再現性の高い、効果的な手法のこと。

勝ちパターン形成力とは、
自分のうまくいった営業行動や先人の知恵を体系化、パターン化して、定石として身につける力。

て身につけている。ここでは、**成果に結びつく、再現性の高い、効果的な手法のことを『勝ちパターン』と呼ぶ**ことにしよう。成果とは、営業では数値目標の達成であり、また、自社の方針や戦略に則していることも重要だ。勝ちパターンとは、まさに**自社の方針・戦略を具体的な行動レベルに置き換えたもの**といえる。

ここで、読者の方は次のような疑問が浮かぶのではないだろうか。

- 営業手法は、ケースバイケースでいろんなやり方がある
- ひとそれぞれ十人十色、いろんなやり方があるから、パターン化なんてできるの？
- デキル人は、センスがあるからできるんだよ。なかなか真似できないよ……

……などと思われる方も多いだろう。

確かに、ハイパフォーマーならではの持ち味や強みを活かした工夫も数多くあるから、属人的な動きに見えるのかもしれない。しかし、実際にハイパフォーマーの行動を紐解いてみると、特定の人にしかできない特異なやり方をしているのではなく、極めて理にかなったやり方をしている。しかも、自分のうまくいった営業行動や先人の知恵を体系化、パターン化して、定石として身につけている。

ある精密部品メーカーX社の営業部門を例にとって見てみよう。X社は創業してまだ10年のベンチャー企業で、その営業対象は検査機器などの最終製品を作っているメーカーだ。X社の営業担当は、検査機器メーカーなどに対して、生産工程で活用する部品を使ってもらうための新規顧客を開拓する営業をしている。営業窓口は様々だが、最初の窓口は購買部門の担当者になることが多い。

これを前提情報として、精密部品メーカーX社のハイパフォーマーに対して、初回訪問を成功させるためのポイントを尋ねたインタビューのやりとりを見てほしい。

図「ハイパフォーマーインタビューの実例①」からは、ハイパフォーマーは初回訪問において、訪問終了後のゴール状態を明確にイメージしていることがわかる。しかも、お客様を「このような購買心理にもっていきたい!」そして、「このような言動を引き出したい!」という狙いが明確になっているのだ。

ハイパフォーマーインタビューの実例①

筆者：初回訪問で受注が決まることはあまりないと思うのですが、**どうなると初回訪問が成功したことになる**のですか？

ハイパフォーマー：狙っているのは、**双方の技術者同士での意見交換の場を設定してもらうこと**ですね。初回訪問では購買部門の担当者としか会えないのですが、製品開発現場のキーパーソンと話をしないと、具体的な商談にはならないんです。なので、初回訪問では、**購買部門の担当者に当社を信頼してもらい、技術者に会わせようと思って**もらわなければならないんです。

筆者：なるほど！最初に会った担当者が、「この話はキーパーソンの技術者を会わせてもっと詳しい話をした方が得策だ」と思い、面談を設定してくれることが、初回訪問のゴールなんですね。

ハイパフォーマーの特長

- 訪問終了後のゴール状態を明確にイメージしている
- お客様を「このような購買心理にもっていきたい！」そして、「このような言動を引き出したい！」という狙いが明確になっている

続けて、48、49ページの図「ハイパフォーマーインタビューの実例②③」を見てみよう。

とくに、インタビュー記事の横線を引いている部分に注目して欲しい。

商談が進むにつれ、お客様が疑問や不安をいだき、ネガティブな心理になる場合がある。ハイパフォーマーは、それを予め想定したうえで、どのようにプラスに転じていけば、目

ハイパフォーマーインタビューの実例②

筆者：では、そのゴールにたどり着くためには、どのようにすればよいのですか？

ハイパフォーマー：そのためには、まずはウチの会社に興味関心をもってもらうことからですね。まだまだ**弊社はベンチャー企業で知名度は低い**んです。ですから、**お客様は最初は不信感をもってます**ね。でも、ウチの**社長は以前大手メーカーの技術部長で、この業界では結構有名**なんです。まず、そこから興味をもってもらうことが**不信感を払う突破口**だと思っています。

筆者：なるほど。具体的には、どのように話をするのですか？

ハイパフォーマー：「自社紹介」をする際に、会社パンフレットで**社長の略歴を説明し、設立から10年間の沿革と取引実績を丁寧に伝えます**ね。元大手メーカーの技術部門で多くの実績を上げ、その信頼がベースとなってこれまで多くのお客様とお取引いただき、10年間でこれだけ急成長することができました。最初にその部分をしっかりと伝えて、**「あの開発プロジェクトに関わっていた方が社長さんですか！」というように信用してもらうのです**。この部分をすっ飛ばすと、その後、商品の説明をしても真剣に聞いてくれないのです。ウチのような会社の場合は、**商品を売る前に、社長を売る**ことが大事なんです。

筆者：最初に社長に興味をもってもらい、自社を信用してもらうわけですね。

指すゴールにたどり着くことができるのかを想定している。つまり、予めお客様の購買心理の変化をシミュレーションしたうえで、営業ストーリーを組み立てているのだ。

そして、これら一連の初回訪問のストーリーを体系的に表したものが、50ページの図「精

ハイパフォーマーインタビューの実例③

筆者：その次はどうするんですか？

ハイパフォーマー：会社の信頼をいただいた後は、具体的に当社がどこまでできるのか、**お客様は実績をもっと詳しく知りたいと思うようになります**。このタイミングで大手企業との取引企業一覧を提示します。そうすると、更に信用度は高まるのと同時に、**お客様の関心事は、自社の製品ジャンルに関連するような事例に向いてきます**。

筆者：ここまできたら、お客様はかなり前のめりになっている感じですね。

ハイパフォーマー：そうです。**もちろん、そうなることを想定しているので、訪問先企業の製品に近い事例は、あらかじめ準備しています**。それを説明しながら、「もう少し詳しい話が必要であれば、技術担当を連れてきますので、御社の技術の方もご紹介ください」と言えば、大半のお客様は、わかりましたと言いますね。

ハイパフォーマーの特長

- 商談過程における疑問・不安・反論といった様々なネガティブな言動・心理状態を想定し、どのようにプラスに転じていけば良いかを描いている
- お客様の購買心理を想定したうえで、営業としてのアクションを行っている

密部品メーカーX社の初回訪問場面での勝ちパターン例」だ。一連の流れを見ると、読者の皆さんの営業活動にも使えそうだと思える、理にかなった進め方のように感じるはずだ。

ハイパフォーマーは、この一連の流れをある特定の顧客のみに行っているのではなく、多くの新規顧客の初

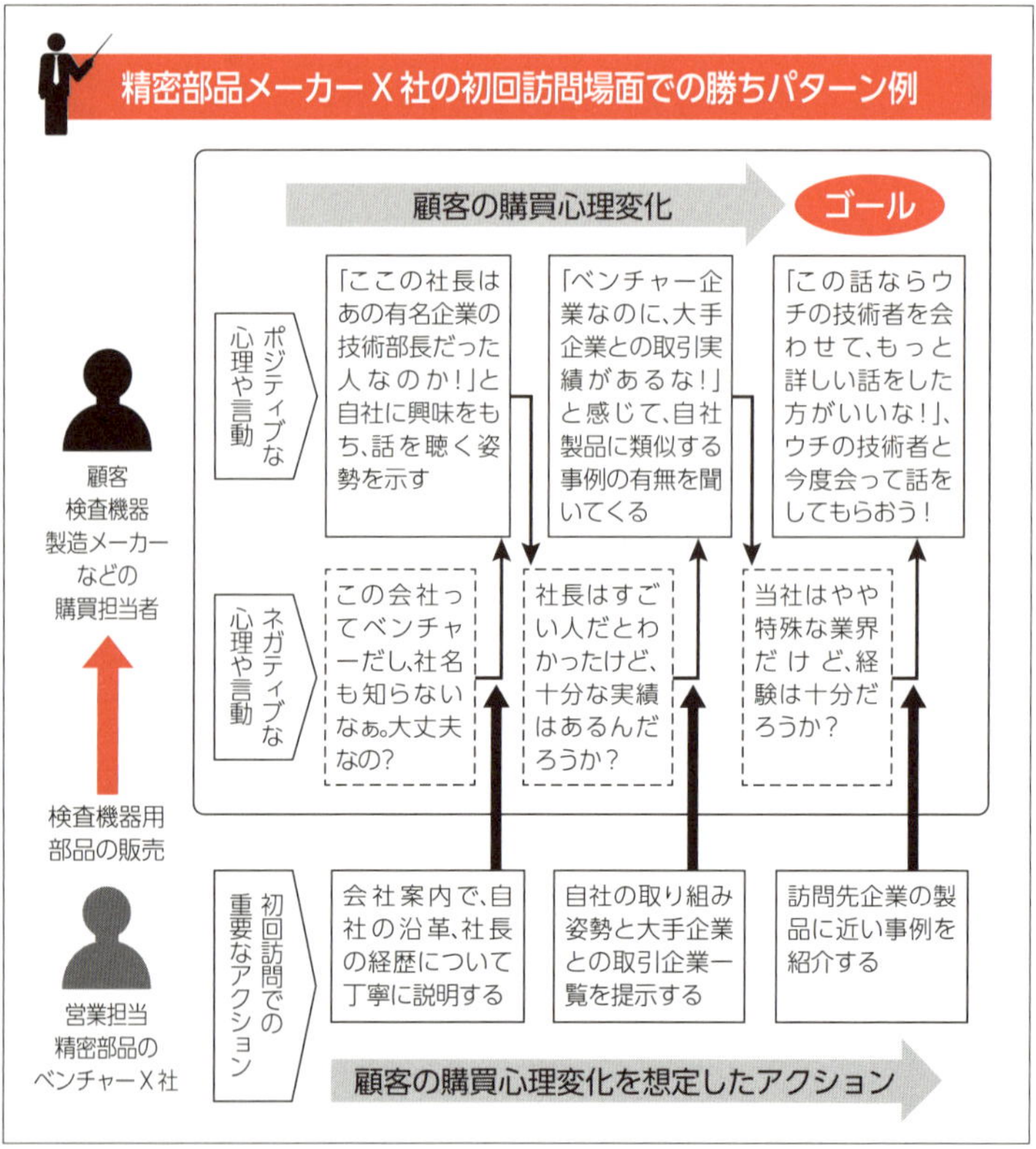

回訪問場面で、成功確率の高い汎用的な手法として、再現性高く実践しているのだ。

私たちは、このように成果に結びつく、再現性の高い、効果的な手法のことを『勝ちパターン』と呼んでいる。ハイパフォーマーは、**営業活動の中でPDCAを回しながら、各場面に適した勝ちパターンをいくつも形成して**いるのである。

ではなぜ、ハイパ

ハイパフォーマーの特徴

- ☑ ハイパフォーマーは、商談のゴール状態を明確にイメージしている。
- ☑ しかも、お客様を「このような購買心理にもっていきたい！」そして、「このような言動を引き出したい！」という狙いが明確。
- ☑ ハイパフォーマーは、お客様の購買心理がどのように変化していけば、目指すゴールにたどり着くことができるのか、予めそのストーリーをシミュレーションしている。
- ☑ ハイパフォーマーは、営業活動のなかでPDCAを回しながら、各場面に適した勝ちパターンをいくつも形成している。

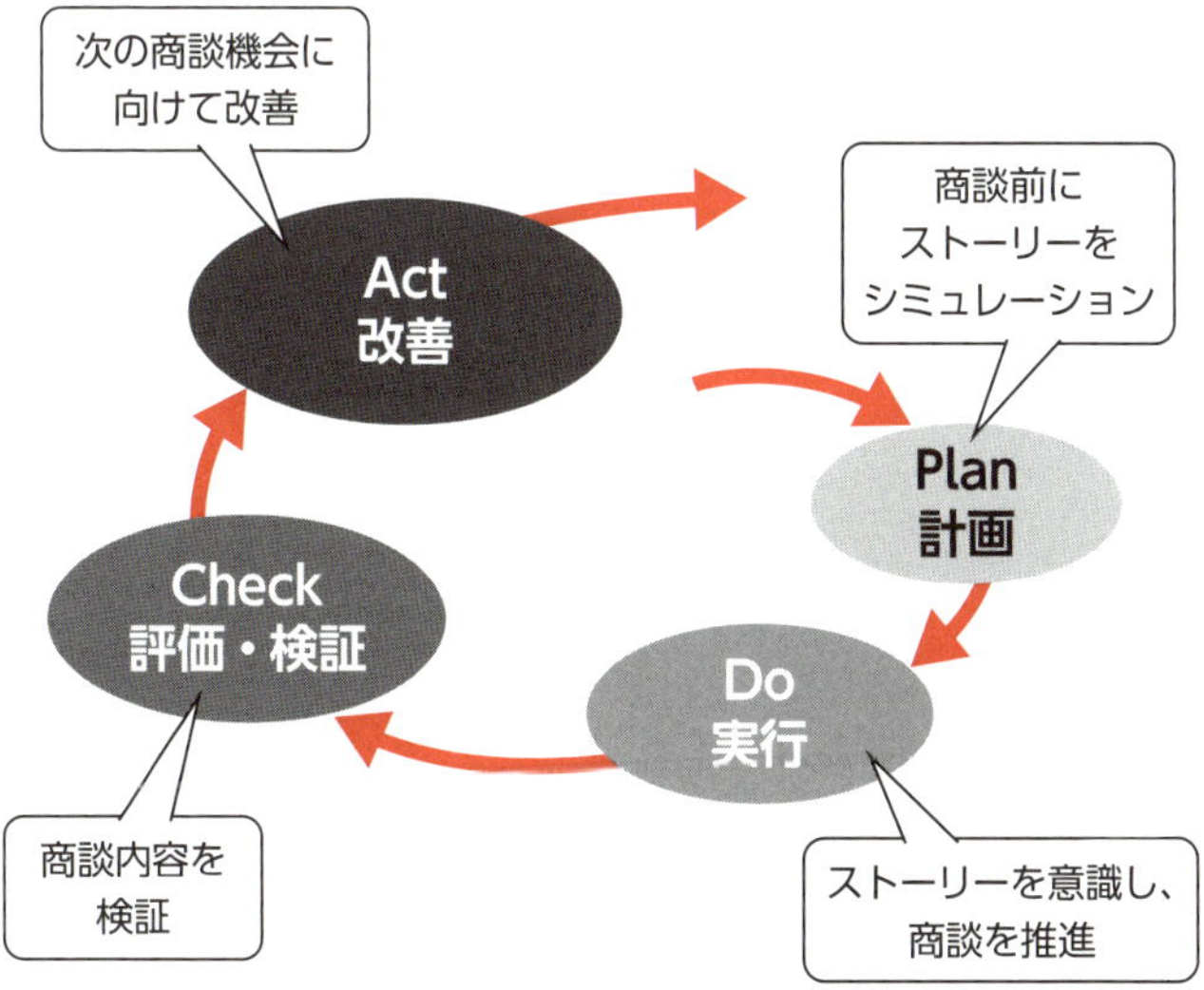

フォーマーは、うまく勝ちパターンを形成することができるのか？

②1000人を超えるインタビューからわかったこと

私たちは、1000人以上のハイパフォーマーにインタビューを行ってきた。その際、「この人は確かにハイパフォーマーだなあ」と思える人の回答には、共通した特徴があることに気づいた。

それは、「成果を上げるために、いつもどんなことを心がけて行っているのか？」という問いを掘り下げて聞いていくと、**「どんな場面で」「どんなアクションを」「どんな狙いをもって」行っているかが、極めて理路整然と返ってくる**ことだ。インタビュアーがその業界の素人であっても、「ああなるほどね！」と理解できるくらい、具体的な表現で説明してくれる。

自分が実践していることの意図や目的が明快で、さらにその行動をとることで得たい結果（ゴール状態）が極めて具体的だ。つまり、ただ漫然と行っていることはなく、**何を狙ってこの行動をしているのかが、自分の中ではっきりとしている**のである。

先ほどの「精密部品メーカーX社」の事例でいえば、「自社紹介をする場面」では、「会社パンフレットで社長の略歴を説明し、設立から10年間の沿革と取引実績を丁寧に伝える」というアクションをしていると答えている。その狙いは何かと聞けば、「多くの新規顧客は、当社のことを知

勝ちパターン形成力を高めるポイント

ハイパフォーマーインタビューからわかったこと

- ただ漫然と営業活動をするのではなく、１つ１つの営業アクションに対する意図や狙いをもつ
- 自分の営業行動の意図や狙いを意識するとともに、その行動をとることで得たい結果（ゴール状態）を明確にする

らないし不審に思う。それを払拭するために、当社の特長である社長に興味をもってもらい、当社を信用してもらうためだ」という明快な答えが返ってくるということだ。

ここで、デビッド・A・コルブ氏（David A. Kolb）が提唱している「経験学習モデル」（出典①『Experiential Learning Experience as the Source of Learning and Development』David A. Kolb、出典②『経験からの学習―プロフェッショナルへの成長プロセス』松尾睦）をご紹介したい。

コルブ氏は、学習するということを「経験を変換することで知識を創り出すプロセスである」と定義し、54ページの図「経験学習サイクル」に示すような「積極的な実験」→「具体的な経験」→「内省的な観察」→「抽象的な概念化」の４ステップからなる「経験学習モ

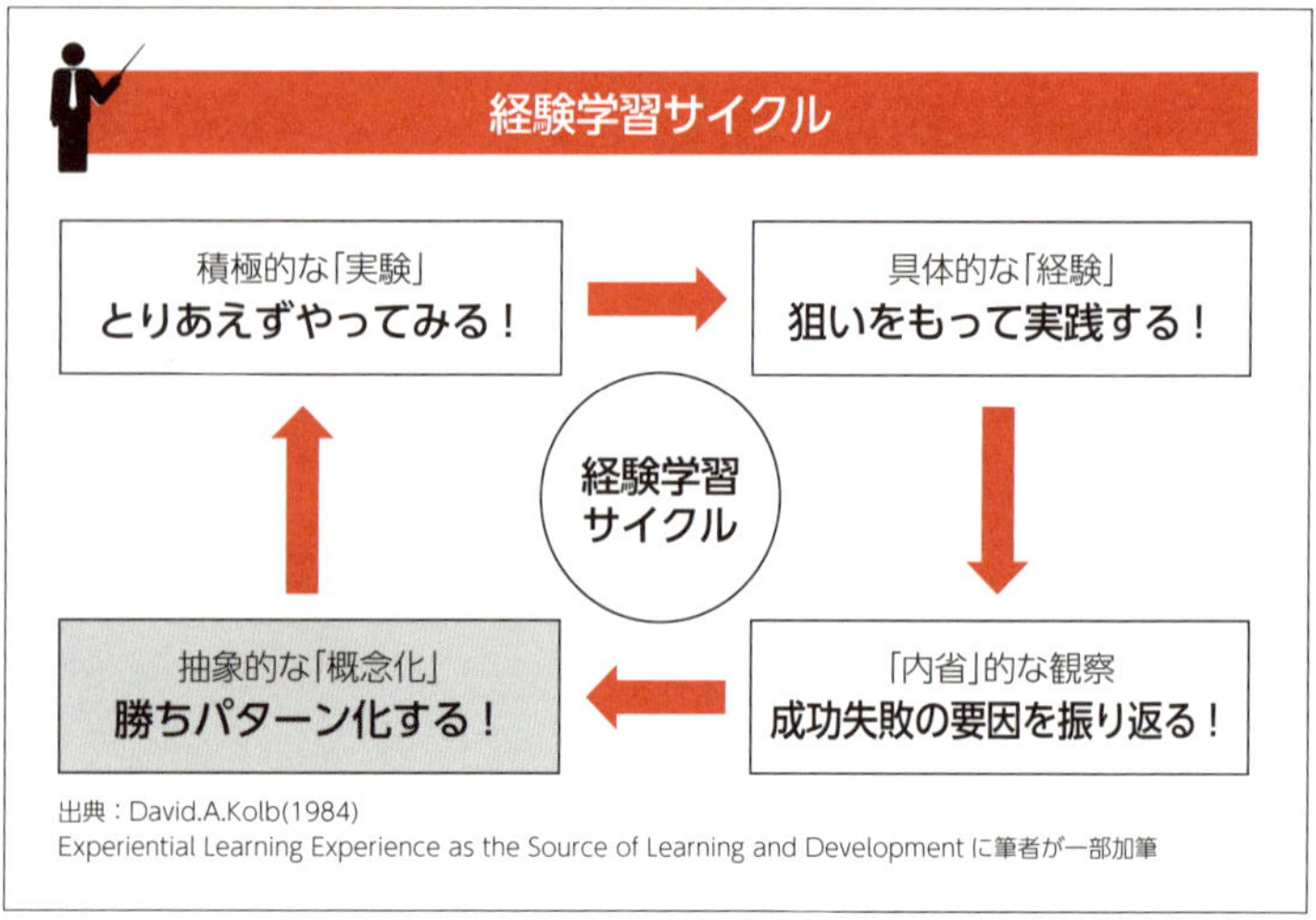

デル」を提示している。

この4つを簡単に説明すると、「具体的な経験を振り返り、そこから成功パターンを見出し、それを実践し試すというサイクルを繰り返す」ことで、人は学習していくことを意味している。このモデルに筆者なりの解釈を加え、図の2行目に記したように平たく表現し、これを「経験学習サイクル」と呼んでいる。

話をもどすと、ハイパフォーマーは、他の人と同じ業務経験をしていても、この「経験学習サイクル」をハイスピードで回している人で、学習スピードの早い人だといえる。

いわゆるデキル人は、四の五の言わずに、とりあえずやってみる、これが「積極的な実験」の意味である。そして、「具体的な経験」とは、ただ漫

意図・狙いをもって実践することが好ましいわけ

「内省的な観察」つまり、実践したことの振り返りができるから

◎「なぜ、うまくいったのか？」「どうして失敗したのか？」という振り返りができる

◎「このような場合は、このやり方が効果的だな！」というコツを見出すことができる（＝「勝ちパターン化」している）

× うまくいったら、「今回はラッキーだった！」、失敗しても「ついてなかったなぁ」といったレベルの思考で止まってしまう。

然とやるのではなく、意図や狙いをもってやるという意味である。

まさに、先ほどのインタビューから気づいたハイパフォーマーの特徴である。

なぜ、意図や狙いをもって実践することが好ましいのか？

それは、「内省的な観察」つまり、実践したことの振り返りができるからだ。意図や狙いをもたず、ただ漫然とやっている人は、うまくいったら、「今回はラッキーだった！」、失敗しても「ついてなかったなぁ」といったレベルの思考で止まってしまう。意図や狙いをもって実践していれば、「なぜ、うまくいったのか？」「どうして失敗したのか？」という振り返りができるのだ。

そして、「このような場合は、このやり方が効果的だな！」というコツを見出していくのである。それが4ステップ目の「抽象的な概念化」であり、「勝ちパターン化」しているということなのだ。

実際には、1サイクル回してつかんだ小さなコツ、すなわち「プチ・勝ちパターン」を、この場面でも試してみようと、また実践してみて勝ちパターンの肉付けをしているのである。

数多くのハイパフォーマーと呼ばれる人にインタビューを行ってきたが、この方々に共通する要素として挙げられるのが、**経験に裏打ちされた自らの勝ちパターンをもっていること**だ。そして、その勝ちパターンをいろんな場面で試しながら、それをブラッシュアップしている。だから、いろんな場面にも柔軟に対応できるのだ。


この「経験学習サイクル」は、本書のタイトルであるPDCAの考え方と類似していると思う読者も多いと思う。つまり飲み込みのはやい人、コツをつかむのがはやい人は、この**「経験学習サイクル」というPDCAをハイスピードで回し、数多くの勝ちパターンを習得している人**だといえる。

3 商談レベルの違い

商談レベルとは、一連の営業活動の中でお客様と何度も行うことになる商談、打ち合わせ、折衝などの具体的なやりとりのことだ。そのやりとりレベルでの違いを述べていきたい。

①お客様が話す気持ちにならないとヒアリングはできない

営業場面でのお客様とのやりとりにおいて、重要なスキルは何か？と問うと、「ヒアリング力（聞き出す力）」という回答が多く挙げられる。他には、お客様にわかりやすく「商品を説明する力」という意見も多数を占める。ただ、購買心理の観点から考えると、買い手のニーズに則した説明をしないとお客様はピンとこないので、商品説明の前にニーズをヒアリングすることが重要になる。

つまり、商品説明の上手い下手は、アナウンサーのように**流暢に話せるかどうかというよりも、お客様のニーズを踏まえて、話しているかどうかが差になる**のである。このような解説は、いろんな書籍や研修を通して、既に聞いたことがある方も多いだろう。

ただ、「ニーズをヒアリングする」とは、そう簡単ことではない。

思い浮かべてほしい。百貨店で売り場に近づいていくと、店員さんがよくいうセリフとして、「お探しのものがありましたら、なんなりと……」「何か、ご要望はございますか……」と、声をかけられた方は多いだろう。

よほど探しているものや求めているものが明確な人は反応すると思うが、ただ何となく「良いモノはないかなあ」と見て回っている人にとっては、単なる挨拶がわりの声かけとしか聞こえない。

つまり、**「ニーズは何ですか？」と単純にお客様に聞いても、お客様はそんな簡単には話してくれない。**そこが難しいから優劣の差ができるのだ。

②お客様を「動機づける力」が違う！

では、ハイパフォーマーは何が違うのか？

ハイパフォーマーはニーズをヒアリングする前に、ひと工夫しているのだ。

お客様が「この人なら、もう少し話をしてみようかな」という気持ちになるように、働きかけているのである。

具体例でお話しよう。ある機器の修理担当にも関わらず、営業専任の担当者よりも新製品の注文をたくさん取ってくるハイパフォーマーにインタビューをしたことがある。その際のインタビュー録の一部が、60ページの図「ある機器の修理担当のインタビューの実例」だ。

おわかりいただけただろうか。

ハイパフォーマーは、**お客様を、無関心な状態から自分事に変え、**「この人の話は、自分に関係ある！」「もうちょっと詳しく訊いてみよう。相談してみよう」という気持ちになるよう動機づけているのだ。

私たちは、その力を「動機づける力」と呼んでいる。

もう少し詳しく説明すると、「動機づける力」とは、**お客様の興味関心事を想定し投げかけ、お客様の問題解決への期待値を高め、話を続けるメリットを感じていただく力**のことだ。お客様を「ハッとさせる力」であり、そのために、お客様が困っていそうなこと（仮説）をいくつも想定して、投げかけていくことが重要になる。

ハイパフォーマーは、お客様の困りごとを想定することに優れている。お客様に関する様々な

ある機器の修理担当のインタビューの実例

筆者：本来は修理担当なのにどうしてそんなに新製品が売れるのですか？

ハイパフォーマー：修理をしていると、そのお客様がどんな作業をしているか、どんな使い方をしているかが、よくわかるんですよ。

筆者：なるほど。そのあと、お客様とはどんなやりとりをするのですか？

ハイパフォーマー：「こんな時に面倒だなあと思うことはないですか？」とか、「他のお客様で、こんな工夫をして作業効率を上げている方がいますよ」という話をするんですよ。

筆者：つまり、お客様が興味関心をもつような話題を投げかけるわけですね。

ハイパフォーマー：そうです。そうするとお客様は、「この人、良く分かっている人だな」「ちょっと、相談してみようかな」と思ってくれて、詳しい事情を話してくれるんです。あとは、お客様のお困りごとに、こちらの新製品が当てはまりそうだと思えば、ご紹介しているだけですよ。

↓

お客様を、無関心な状態から自分事に変え、「この人の話は、自分に関係ある！」「もうちょっと詳しく訊いてみよう。相談してみよう」という気持ちになるよう動機づけている

事象に着目し、**自分が相手の立場だったら「こんなことに困っているのではないか？」と思うこと（仮説）を投げかけて聞いている**のだ。

仮説だから間違っているかもしれない。でも間違っていれば、お客様の方から「実はこうなんだよね」と新たな事実を教えてくれる。新たな事実がわかれば、また仮説を投げかける。このような会話を繰り返すことで、

動機づける力とは

お客様の興味関心事を想定し投げかけ、お客様の問題解決への期待値を高め、話を続けるメリットを感じていただく力

お客様に関する様々な事象に着目し、自分が相手の立場だったら「こんなことに困っているのではないか？」と思うこと（仮説）を投げかけて聞くことが鍵。

仮説は間違っていてもよい。仮説を確認するためのやりとりをお客様とすることで、お客様は「自分の立場に立って考えてくれている。この人ならば、詳しく話をしてみてもいいな」という気持ちになる。

お客様の状況が明らかになる。仮説を想定して質問するやりとりは、ある意味、動機づけながら、ニーズを明らかにすることを同時にやっているようなものだ。

お客様はこのようなやりとりを通じて**「自分の立場に立って考えてくれている。この人ならば、詳しく話をしてみてもよいな」という気持ちになる**のだ。

③「情報把握力」が違う！

ハイパフォーマーは、お客様を動機づけ、詳しい情報を引き出す関係づくりをすることを先ほど述べた。この後ちゃんと聞けば、お客様は詳しい話をしてくれる状況にはなっているわけだが、それでも漏れなく情報をヒアリングできる人と

できない人とで差が生じる。

いろいろと聞いてきたつもりで上司に報告すると、

「お客様は、予算をどれくらい確保しているの？」

「決裁者は、誰？　その人で決められるの？」

「そもそも、どうしてウチのサービスの提案に興味を示しているの？」

「お客様は、いつからサービスを導入したいの？」

と、矢継ぎ早に質問されて、しどろもどろになった経験はないだろうか？

先ほど記した、よく上司から訊かれる4つの質問は、

Budget：予算

Authority：決裁権限

Needs：お客様のニーズや導入の必要性

Timeframe：導入時期

押さえておきたいお客様の4つの情報

1. Budget：予算
「予算をどれくらい確保しているのか？」

2. Authority：決裁権限
「決裁者は、誰か？今の商談相手で決められるのか？」

3. Needs：お客様のニーズや導入の必要性
「そもそも、どうして当社のサービスの提案に興味を示しているのか？」

4. Timeframe：導入時期
「いつからサービスを導入したいのか？」

の頭文字をとって、**BANT情報**といい、主に**法人向けに営業する場合に用いられる一般的なヒアリングの観点**だ。

このようなBANTのような観点をもたずに、ただ漫然と思いついたことを聞いても、聞き漏れが生じてしまうのだ。何が聞けて、何を聞き逃しているのかが、わからないからだ。さらに実際の営業場面では、BANT情報以外にも聞くべきことはたくさんある。

では、ハイパフォーマーは、どのようなことを意識して情報を把握しているのか、詳しく見ていこう。

④漏れなく情報を把握するには、ヒアリングリストではなくフレームワークが必要

結論から先に言うと、聞き出した情報を整理し

フレームワークをもっと漏れなくヒアリングができる

フレームワークとは、「枠組み」「骨組み」「構造」。

単に聞くことがリスト化されているのではなく、互いに連関し、意味づけされた枠組みとして示されているもの。

- 各項目の連関性がわかると、カテゴライズができ、情報の仕分けがしやすい。
- 情報を整理して仕分け、納める「箱」を頭の中にもっていると、この箱に該当する情報は聞けたので埋まっている、この箱は埋まっていないので、この後、忘れずに聞こうと意識できる。

ながら、くまなくヒアリングするためには、いくつものフレームワーク（枠組み）が必要になる。ハイパフォーマーは、この**ヒアリング用のフレームワークをたくさんもっている**のだ。

では、フレームワークとは何か？

フレームワークを直訳すると、「枠組み」「骨組み」「構造」となる。つまり、単に聞いてくることがリスト化されているのではなく、**互いに連関し、意味づけされた枠組み**として示されているものだ。

よく若手の営業担当がちゃんと漏れなく聞いてくるように、聞くべきことを「ヒアリングリスト」としてもたせている営業組織がある。ただ実際の営業場面では、アンケートのように、上から順番に聞いていけるわけではない。話の流れによって、情報はいろんな項目に飛ぶはずだ。それが何番目のヒアリング項目に該当する情報なのかを仕分けながら、話のやりとりをすることは難しいはずだ。**単なる箇条書きのヒアリングリストだと、各項目の連関性がわからず、カテゴライズされてないため、情報の仕分けがしにくい**のだ。

戦略のところでも述べたが、情報を整理して納める「箱」を頭の中にもっていると、この箱に該当する情報は聞けたので埋まっている、この箱は埋まっていないので、この後、忘れずに聞こうと意識できるのだ。

このように**「聞き出すべき情報を整理して収納できる箱」**のことを、ヒアリング用のフレームワークと呼んでいる。

66ページの図「組織ニーズと個人ニーズ」は、主に法人向けの営業場面で活用されるヒアリング用のフレームワークの一例だ。先ほどのBANT情報の内容をさらに細分化したものだ。

このフレームワークを意識して聞くことで、こちらが提案しようと考えていることが、お客様にヒットするかどうか見えてくるのと同時に、先ほど、上司から問われる4つの質問に明確に答えられるようになる。

では具体的な事例で、図「組織ニーズと個人ニーズ」に示すフレームワークに書かれている「組織ニーズ」「個人ニーズ」「重要度」「緊急度」について、ある企業の人事部門の研修担当者の山田さんを例にとって、具体的に説明しよう。

「組織ニーズ」とは、商談相手が所属している会社や組織の方針や直面している課題、その担当者に課せられている職務上の役割（ミッション）のことである。

例えば、この研修担当者の山田さんが勤める会社は、急成長しているベンチャー企業だとしよう。

1）急成長していることから、採用の強化を図っていて、昨年の2倍の新卒採用

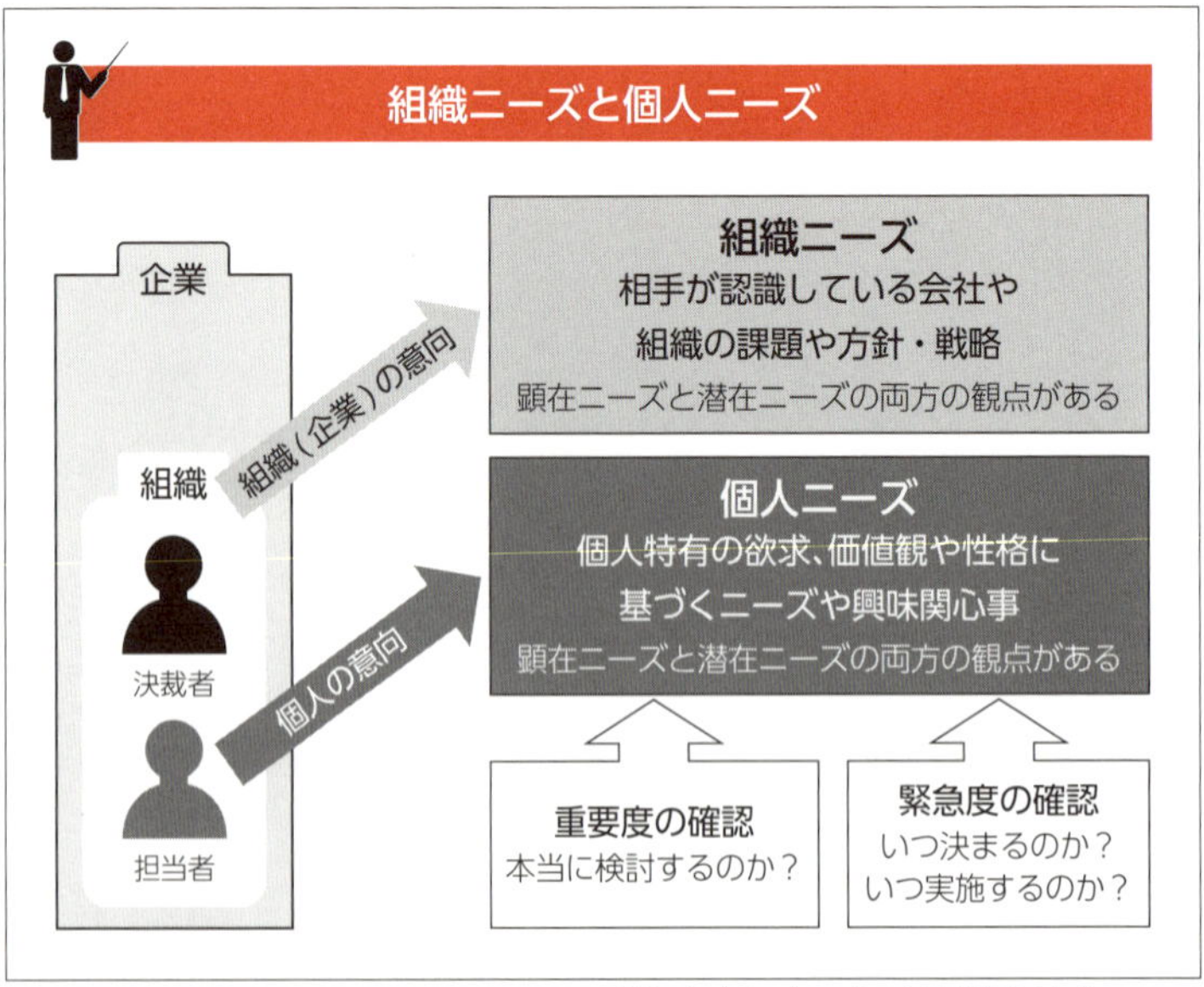

組織ニーズと個人ニーズ
企業
組織
決裁者
担当者
組織（企業）の意向
個人の意向
組織ニーズ
相手が認識している会社や
組織の課題や方針・戦略
顕在ニーズと潜在ニーズの両方の観点がある
個人ニーズ
個人特有の欲求、価値観や性格に
基づくニーズや興味関心事
顕在ニーズと潜在ニーズの両方の観点がある
重要度の確認
本当に検討するのか？
緊急度の確認
いつ決まるのか？
いつ実施するのか？

数を目標としている。

2）研修部門としては、新入社員研修の円滑な運営と新入社員の即戦力化が課題となっている。

3）ここ数年、現場配属された新入社員の離職率が急増していることが問題となっている。

4）そこで、山田さんには、新入社員の早期離職の原因を究明し、対策を講じることが、重要なミッションとなっている。

これら4つの箇条書きで示した内容は、すべて「組織ニーズ」である。

では、「個人ニーズ」とは何か？

「個人ニーズ」とは、その人特有の仕事に対する価値観やこだわり、欲求、興味関心事である。

例えば、研修担当者の山田さんの場合で説明すると、

1）社員の成長なくして、企業の成長はありえないという信念をもっている。以前勤務していた大手外資系企業の人事施策に違和感をおぼえ退職。3年前にこの会社に転職してきた。

2）山田さんは、人の成長には、成長を促す職場環境を整備することが重要で、特に影響力が大きい管理職の意識改革に対して強い関心をもっている。最近は、「管理職の意識改革」に関する社外の勉強会などにも積極的に参加している。

3）特に、ベンチャー企業は社員が若くて活気がある反面、その若い社員の能力を引き出すマネジメントができる人は少ない。ゆくゆくは、管理職を対象にしたマネジメント研修を、全社を挙げた取り組みとして起案したいと思っている。

このように、1）～3）で例示したような内容が、「個人ニーズ」である。

お気づきのとおり、**「組織ニーズ」と「個人ニーズ」は必ずしも合致しない**。山田さんの例でも、組織からの要請は、新入社員研修の円滑な運営と即戦力化、離職率の改善であるが、山田さん本人としては、管理職の育成に興味関心がある。一般的には、「組織ニーズ」を満たす仕事をした場合は、その人は評価される。もちろん両者の接点はあるが、現時点では管理職研修を山田さんが起案しても、山田さんの上司は、「あなたのミッションではないし、組織的に優先順位が低い」と却下する可能性が高いはずだ。

つまり、企業の人事部門に研修サービスを提供する営業側の視点に立つと、管理職向けのマネジメント研修の提案は、担当者の山田さんにとっては、自身の「個人ニーズ」を満たすので興味を示してくれる可能性が高い。一方、山田さんの「組織ニーズ」には合致しないので、そのまま商談を進めても山田さんの上司や経営陣から反対されて受注できないかもしれないのだ。

営業としては、**「個人ニーズ」だけで商談を進めることは危険**で、それを**「組織ニーズ」と紐づ**

組織ニーズと個人ニーズのフレームワークを活用するポイント

- 「組織ニーズ」と「個人ニーズ」は必ずしも合致しない。
- 営業としては、「個人ニーズ」だけで商談を進めることは危険で、それを「組織ニーズ」と紐づけて提案しないと、受注には至らない場合が多い。
- ただし、「個人ニーズ」を把握していることは、今後、商談のキーパーソンとなる人を理解するうえで非常に重要。

  ➡個人ニーズをふまえた情報提供や関わりをすることで、人間関係の距離も近くなり、商談場面でも協力者となってくれる場合も多い。
- 短期的に商売につながるかどうかは別として、お客様と長期的な人間関係を築くうえで、できる限り組織面、個人面の両方のニーズを把握するように努める。

けて提案しないと、受注には至らない場合が多い。

これが上司から訊かれる4つの質問の中にあった、

「そもそも、どうしてウチのサービスの提案に興味を示しているの？」

と問う上司の意図だ。

上司としては、**担当者個人が興味を示しているのか、それとも、「その背景には会社組織として検討する必要性、必然性があるのか？」**を、問うているのだ。

では、「個人ニーズ」を聞く意味はないのかというと、そうではない。

「個人ニーズ」を把握していることは、今後、**商談のキーパーソンとなる人を理解するうえで非常に重要**だ。その人の興味関心事がわかっていれば、気の利いた情報提供もできるようになる。自分のことを理解しようとしてくれる人には、人情的にも好意的になり、こちらの事情にもいろんな配慮をしてくれるようになる。そうなると互いの人間関係の距離も近くなり、商談場面でも協力者となってくれる場合も多いのだ。

短期的に商売につながるかどうかは別として、**お客様と長期的な人間関係を築くことは、とても貴重な資産**だ。そのためにも、できる限り組織面、個人面の両方のニーズを把握するように努めることが重要なのだ。

最後に残りの2つ、「緊急度」「重要度」について説明しよう。

まず、「重要度」とは何か？

「重要度」とは文字通り、会社や組織として検討に値する重要なテーマなのかどうか？ということだ。

「重要度」の観点で把握すべきことは、**お客様が本気で取り組もうとしているのかどうかを、客観的に判断できる「裏付け」を確認すること**だ。

例えば、

・提案しようとしているテーマが、ＩＲ情報（株主向けの報告書）に明記されていると、株主に対して公約しているようなものなので、本気で取り組むだろうと想定できる。
・社長や役員直轄のプロジェクトが発足している場合なども、全社を挙げて取り組む課題であると想定できる
・該当するテーマに予算が計上されている場合も同様だ。

この事例でいうと、来年の4月には2倍の新入社員が入社してくることは全社の方針だ。

そこで、新入社員の早期離職対策や即戦力化というテーマは、企業経営においては大きな影響を与えるテーマでもあるので、「重要度」は高いといえる。

一方、「新入社員研修の円滑な運営」は、期限が迫っており、すぐに打ち手を考えないといけないので、「緊急度」は高いかもしれない。でもその対策は現場の工夫で頑張ってくれ、というレベルであれば全社的にみると重要度は低いかもしれない。

実際の営業場面では「重要度」を確認するためには、事前にホームページや新聞などの公開されている情報をチェックして、その情報をもとに面談の中で掘り下げて聞いていくことが一般

「重要度」の確認方法

「重要度」を確認することは、「組織ニーズ」が発生している背景をお客様との会話の中で掘り下げて確認することである。

「重要度」の確認とは、会社や組織として検討に値する重要なテーマなのかどうか？ということであり、**お客様が本気で取り組もうとしているのかどうかを、客観的に判断できる「裏付け」を確認**すること。

「重要度」を確認するためには、事前にホームページや新聞などの公開されている情報をチェックして、その情報をもとに掘り下げて聞いていく。

【重要度の確認の例】

✓ 提案しようとしているテーマが、**IR 情報（株主向けの報告書）に明記**されている

➡株主に対する公約といえ、本気で取り組むだろうと想定できる

✓ **社長や役員直轄のプロジェクトが発足**している

➡全社を挙げて取り組む課題であると想定できる

✓ 該当するテーマに**予算が計上**されている

的だ。

「社長もこのテーマにはかなり関心が高くてね。毎週、確認のメールがくるよ」

「このテーマには毎年かなりの予算を確保しているよ」

などの生情報が得られたりすると、ウラが取れたことになる。

もうおわかりだと思うが、**「重要度」を確認することは、「組織ニーズ」が発生している背景をお客様との会話の中で掘り下げ、その裏付けを確認しているのと同じ**だ。話の流れの中で、「組織ニーズ」と「重要度」は連関している。

もうひとつの**「緊急度」**はわかりやすいと思う。平たく言えば、**どれくらい急いでいるのか？**ということだ。

この事例でいうと、「管理職向けのマネジメント研修」に興味を示した山田さんに、いつ頃には実施したいのか？という質問をすればわかる。

「私個人としては、早めに実施したいのだが、今は新入社員の受け入れが大変なので、もう少し先ですね……」と言われる可能性が高いかもしれない。

「緊急度」の確認方法

「緊急度」の確認とは、どれくらい急いでいるのか？ということであり、提案した内容を「いつ頃には実施したいのか？」を確認すること。

- 確認の際に、「少し先」とお客様から言われて、そこで終わらせない。「少し先」と発言した意図や背景、根拠を確認しておくことが重要。
- 掘り下げて確認することで、お客様の「個人ニーズ」や「組織ニーズ」も把握することができる。「緊急度」も、他の項目とも連関していて、話の流れのなかで行ったり来たりしながら肉付けされていく。

ここで強調しておきたいのは、「もう少し先ですね……」と言われて、**「ああ、そうですか……」で終わらせないことが肝心**だ。

次に示すような質問を投げかけることで、**その発言の詳細や背景、根拠を確認することが重要**だ。

【緊急度確認の質問例】

「新入社員の受け入れが大変なんですね。山田さんとしては、どれくらいの時期になら研修の実施ができそうですか？」

「今年の新入社員の受け入れが、特に大変になるご事情があるのですか？」

このような緊急度を確認する質問をするこ

ニーズヒアリング用のフレームワーク例

	ヒアリング内容	緊急度（高／低）	重要度（高／低）
組織ニーズ			
個人ニーズ			

とで、お客様の「個人ニーズ」や「組織ニーズ」がこの会話の流れからも把握することができる。つまり、**「緊急度」も、他の項目とも連関していて、話の流れの中で行ったり来たりしながら肉付けされていく**ものなのだ。

だから、アンケートのヒアリングリスト用に、この質問を聞いたら終わりではなく、フレームワークとして認識しておくことが大事なのだ。

わかりやすい実践方法として図「ニーズヒアリング用のフレームワーク例」を見てほしい。ノートにこのような「組織ニーズ」「個人ニーズ」「重要度」「緊急度」といった「箱」をヒアリングのフレームワークとして記入しておくとよい。

そして、お客様と話をしながら、今どの「箱」の会話をして、どんな情報が埋まりつつあるのか、次はどこの「箱」に話を転じようかと考えながら、商談のメモを取ってみるとよいと思う。慣れてくると、ノートに「箱」が書かれていなくても、頭の中にフレームワークが組み込まれてくるので、自然とその観点を踏まえてヒアリングができるようになってくるはずだ。

改めて、ここで取り上げた事例にもどってみよう。図「上司と営業のやりとり例」を見てほしい。上司に商談の状況について問われた際に、営業がフレームワークを意識したヒアリングを行っていれば、お客様から聞き出した情報も整理しやすくなり、上司への報告にも説得力が増すことがおわかりいただけると思う。営業にとっても、ヒアリングのフレームワークがあることで、情報を引き出しやすくなるのだ。

先にも述べたように、今回ご紹介した「組織ニーズ」「個人ニーズ」「重要度」「緊急度」のフレームワークは、提案しようとしていることが、お客様にヒットするかどうかを見極めるために活用されるものだ。

このような情報を把握することで、

・この商談に関わるお客様にはどんな方々がいるのか?

上司と営業のやりとり例

◆上司の問い

「そういえばこの前、管理職向けのマネジメント研修のニーズがあると言ってたけど、どうだった？」

◆フレームワークに従ってヒアリングしていた場合の返答

「研修担当者は、とても興味を示してくれていますが、すぐに実施にはならないと思います。」

「**当面の優先課題**は、新入社員の離職対策や即戦力化で、新入社員向けのフォロー研修などには予算が付いています。」

「一方、管理職に向けての対策は、**研修担当者の山田さんだけでは実施は難しく**、決裁者である人事部長を交えた面談の場を設けて、**新入社員の離職対策には、管理職向けの対策が重要であることを理解してもらう**ことが必要です。」

「むしろ、**緊急度の高い課題**は、来年倍増する新入社員の受け入れです。」

「現場の研修担当者の運用負荷を軽減する提案の方が受注確率は高いです。そして、その効果を実感してもらい、人事部門の方々と関係構築することが重要だと思います。」

「研修担当者の山田さんは、**管理職の意識改革には情熱をもっている方**なので、人事部長の説得にも協力してくれるはずです。」

「少し遠回りですが、まずは新入社員の受け入れ支援の提案を行い、その効果をご評価いただく。その後、離職対策の一環として、マネジメント研修の提案をするストーリーでいきたいと思います。」

↓

ヒアリング時にフレームワークを使って聞けていると、聞き出した情報も整理しやすくなり、上司への報告にも説得力が増す

「組織ニーズ」「個人ニーズ」「重要度」「緊急度」を知る有効性

- 提案しようとしていることが、お客様にヒットするかどうかを見極めるのに有効

- お客様のことが想像できるようになる
  - ✓この商談に関わるお客様にはどんな方々がいるのか？
  - ✓その方々は、どんな思いをもって、職場で働いているのか？

- お客様の職場で働く人々の人間模様が立体的にイメージできるようになると、この後の商談のストーリーが描けるようになり、「勝ちパターン」を高い精度で描くことにつながる

・その方々は、どんな思いをもって、職場で働いているのか？

を想像できるようになる。

そして、お客様の職場で働く人々の人間模様が立体的にイメージできるようになると、この後の商談のストーリーが描けるようになる。

つまり、「戦術レベル」のところで説明した、「勝ちパターン」を高い精度で描くことができるのだ。

今回ご紹介したヒアリングのフレームワークは一例に過ぎないが、実際にはハイパフォーマーは、その状況に合わせて、いくつものフレームワークを意識して、抜けや漏れのない情報把握をしている。

皆さんの中には、そんなの意識してやってい

ないという人もいるが、実際に私どもがインタビューをしていくと、必ずこのような観点が出てくる。今回ご説明したように言語化されていないだけで、無意識にフレームワークが頭の中に入っている。だから、普通の人が何度も足を運び情報収集をするところを、短時間で幅広く、奥深いところまで情報を把握できるのだ。

4 目標達成確率と案件の成約率を高めることで毎年、毎月目標達成する

第2章では、好業績を維持できているハイパフォーマーと低迷している人との違いについて、戦略レベル、戦術レベル、商談レベルの3つ観点から述べてきた。

その特長として、①達成シミュレーション力、②売れ筋の見極め力、③勝ちパターン形成力、④動機づける力、⑤情報把握力といった5つの力を取り上げた。

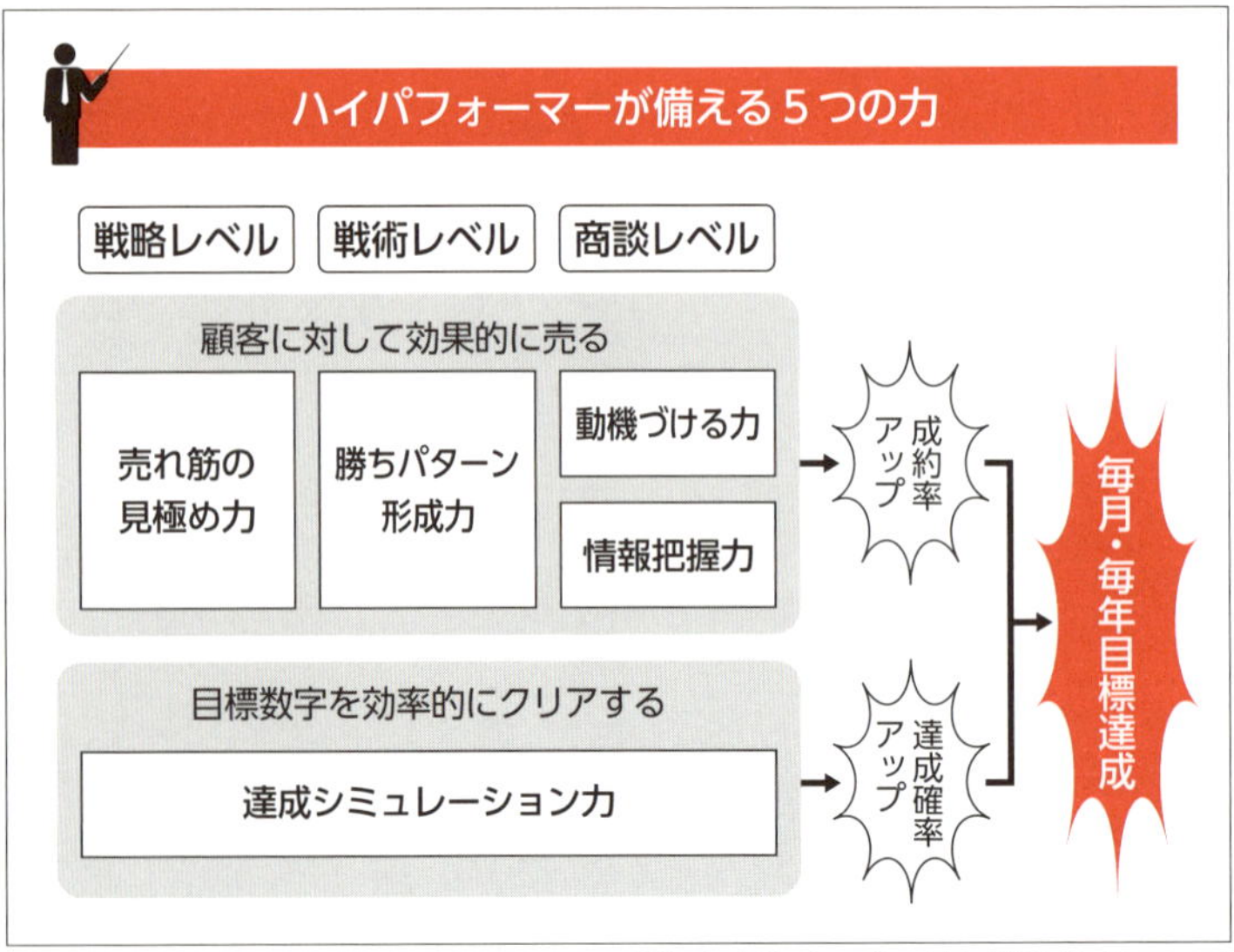

ハイパフォーマーは、この５つの力を駆使することで、目標数字を効率的に達成するための動きと、顧客と成約するための効果的な活動を行っている。つまり、達成確率と成約確率の両方を高める力を備え、営業活動を行っているため、継続的に毎年、毎月目標達成することができるのだ。

では、ハイパフォーマーになるには、どのようなＰＤＣＡを回せばよいのか？

第３章以降で、ご説明していこう。

第3章

戦略レベルのPDCAの回し方

1 戦略レベルのPlanのポイント

①「顧客を仕分ける箱」をつくり、「売れ筋」を見極めよう

ここでいう、戦略レベルとは、営業戦略のことだ。
営業戦略とはつまり、**「何を（商品・サービス）」「どこに（対象顧客）」「どのように売るか（営業手法）」**を表したものである、ということは前述のとおりである。

営業は売りたい商品をたくさん顧客に買ってもらいたい。しかも、なるべく苦労せずに売りたい。そのためには、売りたい商品をたくさん買ってくれる可能性の高いお客様に、効率的にアプローチしていくことが有効だ。

これまで、戦略レベルでＰＤＣＡを回すことができない営業は、パワー配分の優先順位がつけられず、場当たり的な営業を繰り返すが、ハイパフォーマーは、**「売れ筋の見極め力」が違う**ということを述べた。

営業活動における"戦略"とは

「何を（商品・サービス）」「どこに（対象顧客）」「どのように売るか（営業手法）」を表したもの

「どのように」の部分には、次の２点が含まれる

① 自社の商品やサービスの特徴をどのように活かして、**顧客のどのようなニーズを満たす**のか？

② 自社の商品やサービスの特徴をどのように活かして、**競合との違いを出す**のか？

では、どのようにＰＤＣＡを回せば、「売れ筋の見極め力」が強化できるのか？

まずは、ＰＤＣＡのＰｌａｎのポイントから説明しよう。

「売れ筋の見極め力」とは、**商品と売り先である見込み客とのマッチング力**のことである。

言い換えると、「この商品ならば、このお客様にご案内すれば、買っていただけそうだ」という仮説を立てる力のことだ。第１章で、戦略的な思考をもっている営業は、この**顧客を仕分ける箱が見えている**、ということを述べた。

まずＰｌａｎの第一歩として、自分が担当する顧客を仕分ける箱をつくってみよう。顧客を仕分ける箱とは、**限られた営業パワーをどこに振り分けるのかを決める際の判断基準**になるものだ。

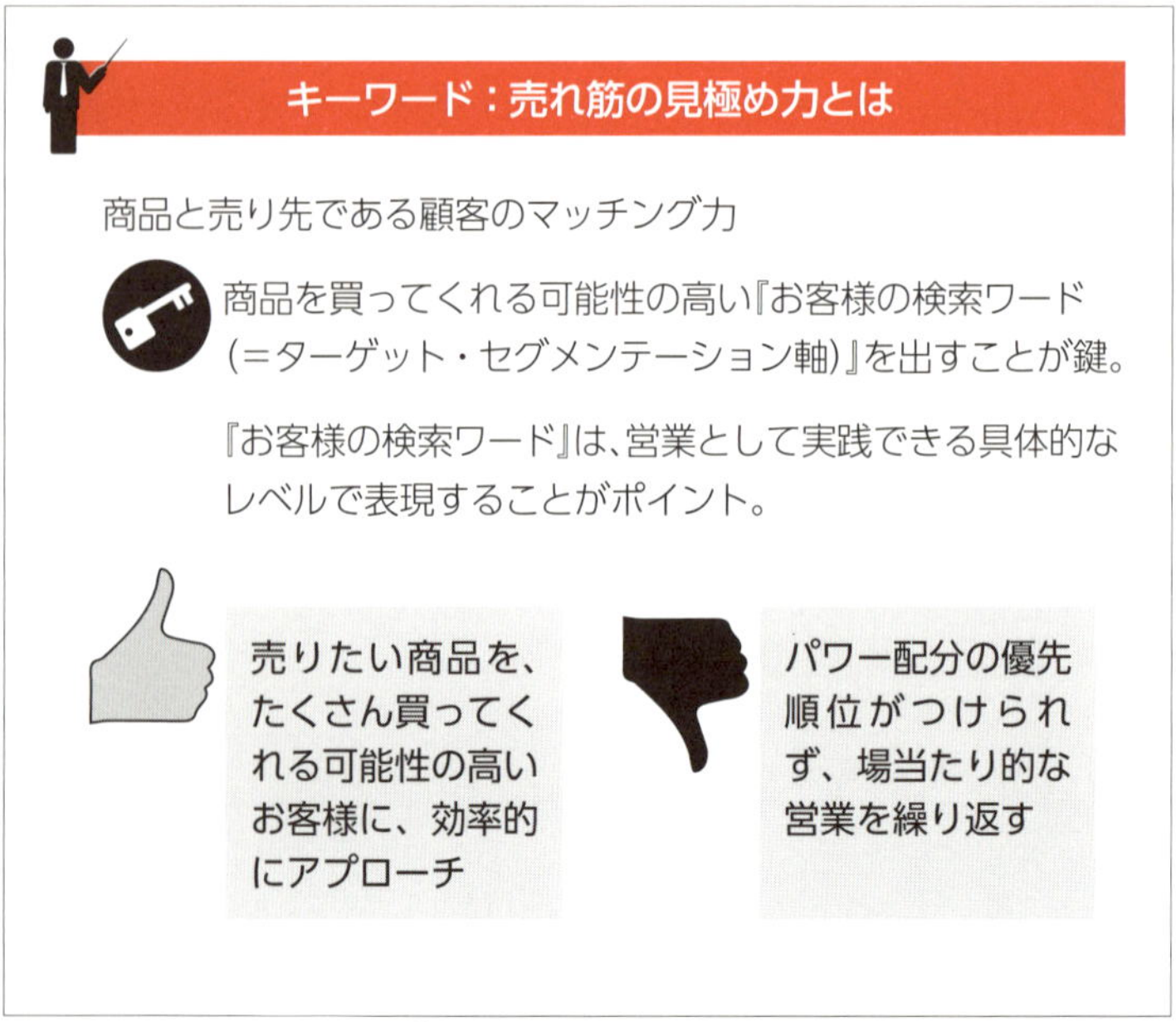
キーワード：売れ筋の見極め力とは
商品と売り先である顧客のマッチング力
商品を買ってくれる可能性の高い『お客様の検索ワード（＝ターゲット・セグメンテーション軸）』を出すことが鍵。
『お客様の検索ワード』は、営業として実践できる具体的なレベルで表現することがポイント。
売りたい商品を、たくさん買ってくれる可能性の高いお客様に、効率的にアプローチ
パワー配分の優先順位がつけられず、場当たり的な営業を繰り返す

図「顧客を仕分ける箱」を見てみよう。縦軸に「受注時に期待できる取引規模」として大・中・小の3段階に区分し、横軸に「受注確率」として高・中・低の3段階に区分けをした箱だ。9つの区分の箱ができたが、どの顧客群が一番楽して稼げそうだろうか？

このように図示して整理すると「①Large・高」の箱に区分される顧客群が、一番楽して稼げることがわかる。このような考え方の箱で顧客分類ができれば、どこの顧客からアプローチすれば効率的なのかが見えてくる。

問題は、この縦軸、横軸をどのように定めるかだ。

顧客を仕分ける箱

顧客を仕分ける箱とは、
限られた営業パワーをどこに振り分けるかを決める際の判断基準になるもの

		横軸：受注確率		
		低	中	高
縦軸：受注時に期待できる取引規模	大 (Large)	⑦ Large・低	④ Large・中	① Large・高
	中 (Middle)	⑧ Middle・低	⑤ Middle・中	② Middle・高
	小 (Small)	⑨ Small・低	⑥ Small・中	③ Small・高

具体的に、ホテルの宴会営業を例に説明しよう。

ここでいうホテルの宴会営業とは、婚礼以外で、企業や各種団体が宴会・イベント・会議・セミナー等をする際に、ホテルの大小様々ある宴会場の活用を提案する営業（俗にいう、バンケット営業）のことを指すことにする。

手当たり次第に近隣の企業や団体、施設に営業に行くのは非効率だ。

もし皆さんが、ある地方都市（県庁所在地）にあるホテルの宴会営業担当だとしたら、どんな顧客を仕分ける箱をつくるだろうか？

まずは、自分のホテルで行われている宴会内容を整理してみよう。つまり、自社の商品が利用される具体的な状況を洗い出すのだ。

地元企業の入社式や株主総会、県庁職員の研修、学会、シンポジウム、大学や専門学校の卒業式後の謝恩会、同窓会、などなど。

続いて、過去の取引実績について、「期待できる取引規模」と「受注確率」の観点で見てみよう。

例えば、過去3年の取引実績を紐解くと、次のようなことが見えてくる

・地元本社の企業や役所、学校関係の定例行事は、毎年開催されるので、取引金額は大きい

・同じ開催頻度でも、企業、学校、団体の人員規模が大きいほど取引金額は大きい
・地元本社の総務部門を窓口に取引ができると、他の支店や部署への紹介を得やすく、取引が広がることが多い
・医薬関連の学会や他県の大手企業の慰安旅行なども、1回あたりの取引規模は大きいが、開催頻度が3～4年くらいに1回の割合になっている
・地元の学校の同窓会や地元に支社支店をもつ企業の研修会や社内イベントも、リピート率は高いが、一回あたりの参

顧客を仕分ける箱～ホテルの宴会営業の例ー縦軸

縦軸「期待できる取引規模」観点の洗い出し例

✓地元本社の企業や役所、学校関係の定例行事
➡毎年開催かつ、人員規模が大きいほど額が大きい

✓地元本社の総務部門を窓口の取引
➡他の支店や部署への紹介につながり額が大きくなる

✓医薬関連の学会や他県の大手企業の慰安旅行
➡1回当たりの取引規模は大きいが、開催頻度が3～4年に1回程度

✓地元の学校の同窓会や地元に支社支店をもつ企業の研修会や社内イベント
➡リピート率は高いが、一回あたりの額は少ない

縦軸キーワード候補
「企業団体に所属する人員規模」「地元本社」「定例行事」

加人数は少ない

この例でいうと、縦軸「期待できる取引規模」のキーワードは、「企業団体に所属する人員規模」「地元本社」「定例行事」などが挙げられる。つまり、利用する企業の従業員が多ければ多いほど、本社が地元であるほど、その行事が定期的に開催されるものであるほど、自社にとっては大きな取引が期待できるということだ。

横軸「受注確率」の観点で例を挙げると、次のような傾向がわかってくる。

・企業団体の窓口となる幹事役の方と、長年の信頼関係ができている場合は、「今年も昨年同様によろしくね」という感じで、受注活動にも労力がかからず、リピート率が高い
・担当幹事役が人事異動などで代わると、細かいすり合わせが発生したり、競合ホテルとコンペになったりして、受注確率は低下する
・大規模な学会や慰安旅行などは、大手旅行代理店などが間に入り、直接にお客様の幹事役とやりとりができないことから、こちらで商談がコントロールできず受注確率が読めない
・宴会やイベントが、土日に実施される場合は、すでに婚礼でホテルの会場が埋まっていて、受注できない場合も多い

顧客を仕分ける箱～ホテルの宴会営業の例－横軸

横軸「受注確率」観点の洗い出し例

- ✓幹事役の方と長年の信頼関係がある場合
  - ➡受注活動にも労力がかからず、リピート率が高い
- ✓担当幹事役が人事異動などで交代してしまった場合
  - ➡細かいすり合わせが発生したり、競合ホテルとコンペになったりして、受注確率は低下
- ✓大規模な学会や慰安旅行などで大手旅行代理店が間に入る場合
  - ➡自社側で商談がコントロールできず受注確率が読めない
- ✓土日実施の宴会やイベントの場合
  - ➡婚礼でホテルの会場が埋まっていて、受注できない場合も多い

横軸キーワード候補

「幹事担当との親和性」「平日実施」

これらの状況を整理すると、横軸「受注確率」のキーワードとして、「幹事担当との親和性」「平日実施」が見えてくる。つまり、幹事担当と関係性が良ければ良いほど、その行事が平日の実施であるほど、受注確率が高まるということだ。

まさに、これらの観点からでてきたキーワードが、**売れ筋の見極めワードであり、「顧客を仕分ける箱」の縦軸・横軸の候**

売れ筋の見極めワードを出すコツ

自社の商品が利用される具体的な状況を洗い出し、

✓ **取引規模の大小に影響する要素**は何か？

✓ **受注確度の高低に影響する要素**は何か？

という観点で、その顧客に属する特徴を具体化していく

場当たり的な営業ではなく、狙いを定めた営業への第一歩！

補になるものだ。

このように、自社の商品が利用される具体的な状況を洗い出し、どのような場合が取引規模が大きいのか、受注確率にはどのような要素が影響するのか、**その顧客に属する特徴を具体化していくこと**が、売れ筋の見極めワードであり、楽して稼げる顧客群を見出すコツだ。

そうすることで、場当たり的な営業ではなく、狙いを定めた営業ができるようになり、案件の成約確率もアップさせることができる。

②「顧客ポートフォリオ表」を作ってみよう

狙いを定めた計画的な営業をしていくための効果的なシクミを提案しよう。それが「顧客ポートフォリオ表」だ。図「ホテル宴会営業の顧客ポートフォリオ表」を見てみよう。

ご覧のとおり、顧客を仕分ける箱の中に、自分が担当す

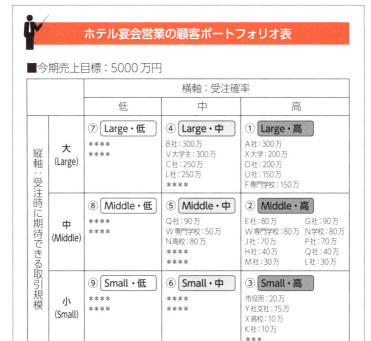

ホテル宴会営業の顧客ポートフォリオ表

■今期売上目標：5000万円

		横軸：受注確率		
		低	中	高
縦軸：受注時に期待できる取引規模	大 (Large)	⑦ Large・低 ＊＊＊＊ ＊＊＊＊	④ Large・中 B社：300万 V大学主：300万 C社：250万 L社：250万 ＊＊＊＊	① Large・高 A社：300万 X大学：200万 D社：200万 U社：150万 F専門学校：150万
	中 (Middle)	⑧ Middle・低 ＊＊＊＊ ＊＊＊＊	⑤ Middle・中 Q社：90万 W専門学校：50万 N高校：80万 ＊＊＊＊ ＊＊＊＊	② Middle・高 E社：80万　G社：90万 W専門学校：80万　N学校：80万 J社：70万　P社：70万 H社：40万　Q社：40万 M社：30万　L社：30万
	小 (Small)	⑨ Small・低 ＊＊＊＊ ＊＊＊＊	⑥ Small・中 ＊＊＊＊ ＊＊＊＊	③ Small・高 市役所：20万 Y社支社：15万 X高校：10万 K社：10万 ＊＊＊

る既存顧客と見込み顧客名を記入し、それぞれの顧客から期待できそうな売上規模を落とし込んだものだ。

これは、**半年や1年といった、やや長い期間で見込めそうな売上数字を記入**している。実際に作業をしていくとわかると思うが、親和性の高い顧客は、詳しい情報がわかっているので、精度の高い数字が記入できるだろう。一方、親和性が低い顧客は、見立ても難しかったりする。その場合は、「この顧客ならば、これくらいの取引になるはずだ」と

顧客ポートフォリオ表作成のポイント

- 顧客名と半年～１年といった、やや長い期間で見込めそうな売上数字を記入していく
  - ✓受注確率の高い顧客群は、情報がわかっているので精度の高い数字を記入する
  - ✓受注確率の低い顧客は、見立てが難しいのでその場合は、「この顧客ならば、これくらいの取引になるはずだ」という仮置きの数字を入れておく
- マップの全体が埋まると、自分が営業する市場の全体像がマップ（地図）のように俯瞰できる
- マップを頼りに、優先順位をつけながら営業活動を行い、その活動を通してＰＤＣＡを回し、マップの精度を高める

いう**仮置きの数字を入れても構わない。**

あくまでも仮説レベルだが、この作業を行うことで自分が営業する**市場の全体像がマップ（地図）のように俯瞰できる**はずだ。「顧客ポートフォリオ表」とは、仮説レベルで作成した「売れ筋マップ」のようなものであり、それを作成することが**戦略レベルのＰｌａｎの第一歩**だ。

そして、そのマップを頼りに優先順位をつけながら営業活動を行い、その活動を通してＰＤＣＡを回し、マップの精度を高めていくのだ。

③「顧客ポートフォリオ表」の有効な活用方法とは

91ページの図「ホテル宴会営業の顧客ポートフォリオ表」を改めて見てほしい。読者の皆さんは、何か気づくことはないだろうか？

前述したとおり、「①Ｌａｒｇｅ・高」の箱に区分される顧客群が、営業的には優先順位が最も高い顧客群だ。ところが、そこに区分されるお客様の数や売上金額合計を見ると、今期の営業目標には、程遠い数字であることが見て取れるだろう。

この図は架空の事例だが、私たちが実際に接するお客様でも、この図と似たような分布になる場合が極めて多い。

つまり実際には、楽して稼げる顧客群は、そんなにたくさん存在するわけではないのだ。

このことは、感覚的になんとなくわかっている方は多いと思うが、リアルな数字レベルで明確に把握できているかどうかが重要なのだ。現実的な数字がはじき出されると、ドキッとするはずだ。

では、営業目標を達成するためには、この後どんな営業プランニングが必要となるのか？

最優先でアプローチする対象は、「①Ｌａｒｇｅ・高」と「②Ｍｉｄｄｌｅ・高」のうち規模が大きい顧客群を獲得するのが妥当だろう。でも、この顧客群だけでは営業目標の達成はできない。

次に優先する群はどこか？

■今期売上目標：5000万円

		横軸：受注確率		
		低	中	高
縦軸：受注時に期待できる取引規模	大 (Large)	⑦ Large・低 **** ****	④ Large・中 B社：300万 V大学主：300万 C社：250万 L社：250万 **** 選択肢 2)	① Large・高 A社：300万 X大学：200万 D社：200万 U社：150万 F専門学校：150万 最優先
	中 (Middle)	⑧ Middle・低 **** * どちらの顧客群を優先するか？	⑤ Middle・中 Q社：90万 W専門学校：50万 N高校：80万 **** ****	② Middle・高 E社：80万 G社：90万 W専門学校：80万 N学校：80万 J社：70万 P社：70万 H社：40万 Q社：40万 M社：30万 L社：30万
	小 (Small)	⑨ Small・低 **** ****	⑥ Small・中 **** ****	③ Small・高 市役所：20万 Y社支社：15万 X高校：10万 K社：10万 *** 選択肢 1)

よって、残りの営業数字を埋めるためには、それ以外の顧客群にも営業活動を展開し、顧客獲得をする必要がある。実際には、お客様との取引条件や諸事情もあるかと思うが、この場では話をわかりやすくする意味で、次の2つの選択肢を考えてみよう。

1）取引規模は小さくなるが、受注確率が高い「②Middle・高」のうち規模が小さい顧客群と「③Small・高」の顧客群を獲得し、数字を埋める。

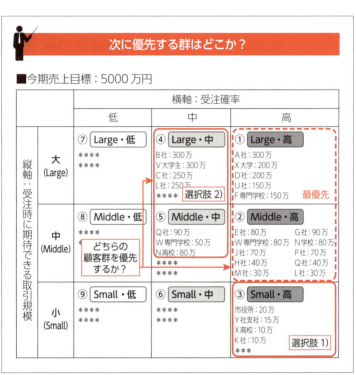

2）受注確率は高くはないが、取引規模が大きい「④Ｌａｒｇｅ・中」と「⑤Ｍｉｄｄｌｅ・中」のうち規模が大きい顧客群にアプローチして数字を埋める。

さて、読者の皆さんなら、どちらの選択をするだろうか？

戦略レベルのプランができる人は、２）を選択するはずだ。

理由には、２つのポイントがある。

第１のポイントは、**営業的に関わる社数と営業パワーを考慮しているか**どうかだ。

選択肢１）は、たとえ受注できても取引規模が小さいので、数多くの社数の獲得が必要だ。そして、受注後の納品活動つまり、宴会を実施する作業にも、通常は営業担当も関わるので、そこに費やすパワーも大きくなる。そうなると、純粋に営業活動に費やすことができる時間（ピュア・セールスタイムという）が、少なくなってしまう。その結果、計画した営業活動が全うできないという事態が生じるのだ。

第２のポイントは、**将来の優良顧客づくりの観点**だ。

縦軸は変えられないが、横軸は営業努力によって変えられることを思い出してほしい。

つまり、「④Ｌａｒｇｅ・中」「⑤Ｍｉｄｄｌｅ・中」のうち規模が大きい顧客群を獲得して、

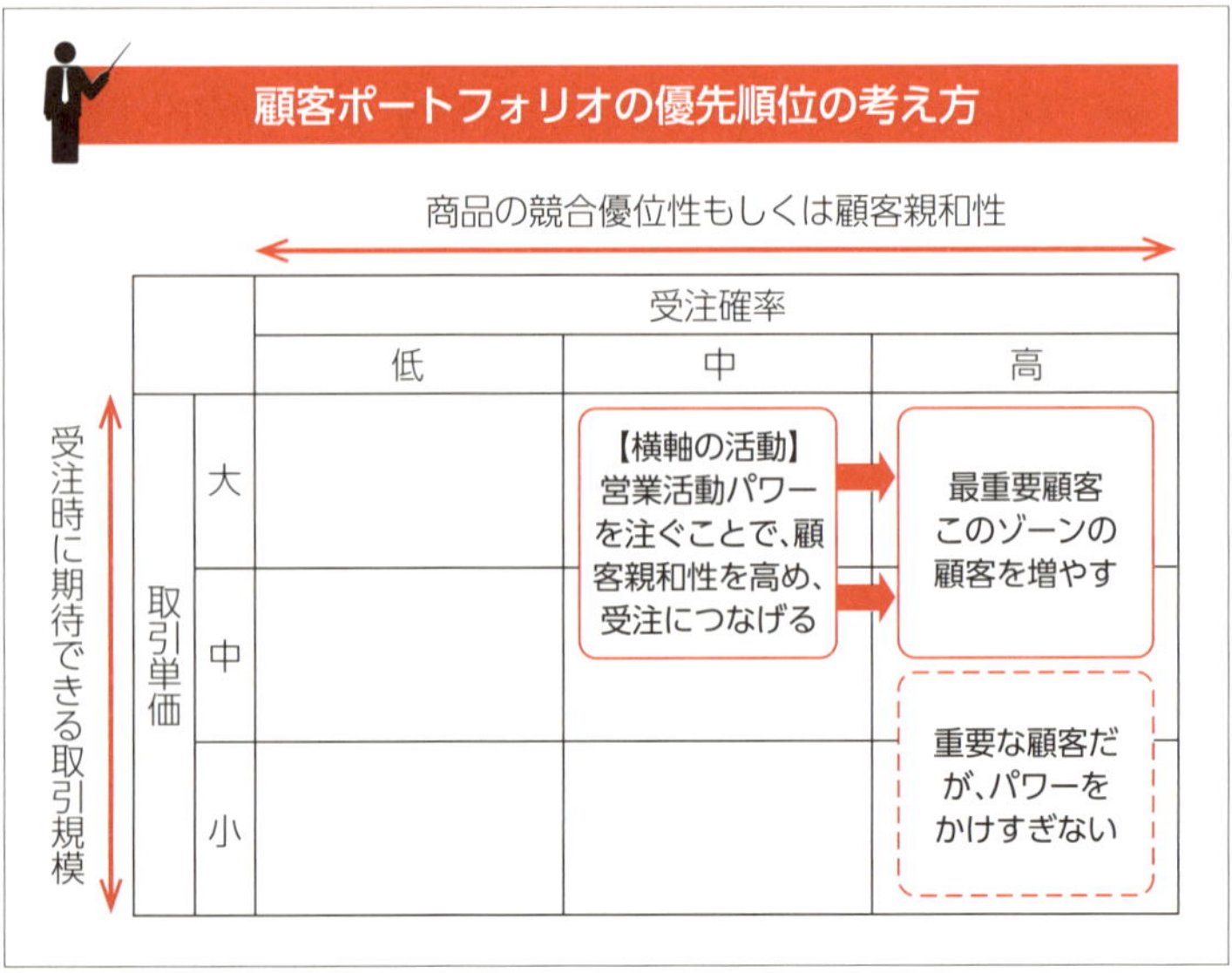

幹事担当と仲良くなり親和性を高めていけば、そのお客様は、「①Large・高」と「②Middle・高」の箱に移動するのだ。そうすることで、**「顧客ポートフォリオ表」の右上部分の優良顧客層が充実してくることで、今後の営業パワーが少なくてすむうえに、目標達成に向けた数字の蓄えもできる。毎年、毎月目標達成するためには大変重要なことだ。**

一方、「②Middle・高」のうち規模が小さい顧客群と「③Small・高」は、すでに親和性は高いものの、取引規模が営業努力によって大きくなり難い。つまり戦略レベルの観点からすると、**「顧客ポートフォリオ表」の右下部分の顧客層に大きな営業パワーを注力しても、手持ちの顧客層**

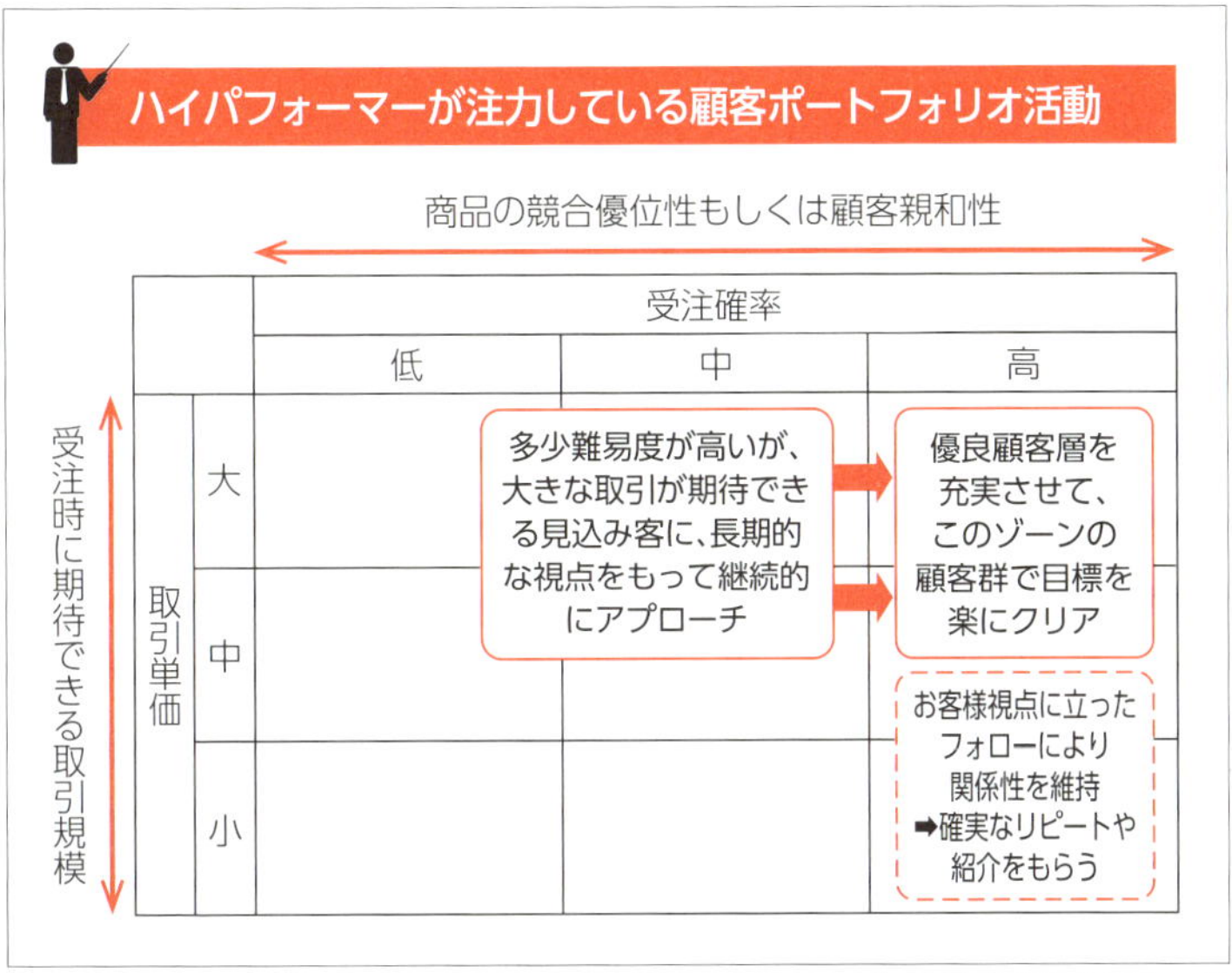

の配置は変わらず、優良顧客層は厚くならないため、毎年、毎月目標達成できる状態には発展していかないのだ。

このような説明をすると、誤解を招く恐れがあるので補足をしておきたい。

「これまで長年お世話になってきて、仲の良いお客様だけど、取引規模はこれ以上期待できないならば、切り捨てろ」ということを伝えたいわけではない。

「顧客ポートフォリオ表」の右下部分のお客様も、とても重要なお客様だ。

未熟な営業がやってしまいがちなのだが、仲がよいお客様なので、**ついつい、そのお客様ばかりに足を運び「無理なお願い営業をしてしまう」**ということだ。そのお客様としては、これ以上お願いされても、発注できない可能性が高いのだ。

では、ハイパフォーマーはどうしているのか？

ハイパフォーマーは、多少難易度は高いが、**大きな取引が期待できる見込み客に果敢にアプローチ**をしている。そして、**ポートフォリオ表の右側にシフトさせていく活動を、長期的な視点をもって継続的に実施**しているのだ。

そうすることで「顧客ポートフォリオ表」の右上部分の優良顧客層を充実させて、自分の責任範囲の営業目標は、楽にクリアできるようにしている。

つまり、**自分の営業目標は早々に達成できるようになるので、気持ち的にも時間にも余裕ができる。**その時間を活用して、右下部分のお客様に対しても、無理なお願い営業ではなく、役立つ情報提供などの**お客様視点に立ったフォローして、関係性を維持**しているのだ。

だから、取引単価は増えないものの、競合会社に取られることもなく確実なリピート受注を維持できるというわけだ。さらに、一定の顧客満足を維持していることから、他の優良なお客様を紹介してもらえることが増え、**毎年、毎月目標達成ができる構造が強化されていく好循環が、生み出されている**場合が多い。

④「達成シミュレーション表」を作ってみよう

これまで説明してきた「顧客ポートフォリオ表」は、自分が営業する市場を**マクロ的な視点で俯瞰し、限られた営業パワーの配分を、中長期的な観点で計画する**ためのツールだ。

次にご紹介したい**「達成シミュレーション表」**は、より**短期的でミクロな視点で、営業計画を立てるためのツール**だ。私たちが以前勤務していたリクルート社では、通称「ヨミ表」と言われていた。

・営業数字が現状としてどれくらい見込めそうか？

・目標数字に対して、どれくらい不足している

顧客ポートフォリオと達成シミュレーション表

顧客ポートフォリオ表

自分が営業する市場を**マクロ的な視点**で俯瞰し、
限られた営業パワーを、中長期的にどの顧客群に振り分けるかを計画するためのツール。

達成シミュレーション表

より短期的で**ミクロな視点**で、営業計画を立てるためのツール。
- □ 営業数字が現状としてどれくらい見込めそうか？
- □ 目標数字に対して、どれくらい不足しているか？
- □ 営業中の、どの案件が獲得できれば、達成できそうか？

という**目標達成に向けた数字の“ヨミを立てる”**ためのツール。

か？

・営業中の、どの案件が獲得できれば、達成できそうか？

という〝ヨミを立てる〟ためのツールだ。

これを各営業が日々追記修正しながら、営業目標達成に向けたシミュレーションをしているのだ。

私たちがお手伝いしているお客様でも、このようなツールを導入している営業組織は多い。

その中でも、各営業が自らの営業計画を練るために、自主的、自律的に活用しているチームほど業績は安定している。

⑤「達成シミュレーション表」の有効な活用方法とは

図「達成シミュレーション表」を見てほしい。

上から説明しよう。1．集計数字の部分には、各月の営業目標数字、次は、すでに受注済で確定している数字が入る。以降にＡヨミ、Ｂヨミ、Ｃヨミの案件の合計数字の欄が並んでいる。

このＡ・Ｂ・Ｃは、受注確率をランク分けしているものだ。Ａ・Ｂ・Ｃの定義は、各社によっ

達成シミュレーション表

Ⅰ.集計数字（●年5月31日時点）

単位：万円

		4月	5月	6月	7月	8月	9月	半期
①	目標額	100	200	200	300	350	350	1500
②	受注済	100	150	100	100	0	0	450
③	Aヨミ		50	80	100	150	100	480
④	Bヨミ			100	200	250	100	
⑤	Cヨミ					100	250	
⑥	残数字 ①−(②+③)	0	0	20	100	300	250	670

Ⅱ.案件一覧表（●年5月31日時点）

単位：万円

ヨミ	案件名	4月	5月	6月	7月	8月	9月	半期
済	U社グループキックオフイベント		150	100	100			350
済	A社入社式	100						100
A	D社研修会場20回分		20	80	100	50	20	270
A	E社立食パーティ						80	80
A	H社研修会		30					30
B	市役所宴会			20				20
B	K社会議			80	200	250	100	630
C	L社30周年記念パーティ						235	235
C	C社行事				100			100
C	K高校同窓会						15	15

Ⅲ.次の一手

- Aヨミ：D社の契約書の修正手続きの完了
- Bヨミ：「K社会議」の値引き交渉が妥結すれば、大型受注となり数字が安定するので最優先で取りくむ。
- 8月9月の達成に向けて、新規案件の仕込み活動に注力する。具体的には……

て様々だが、一般的には次に示すような条件設定をしていることが多い。

・Aヨミ：事務的に必要な手続き（契約書や申込書などの捺印作業など）が残っているが、お客様が発注してくれることは確定している。

・Bヨミ：お客様は前向きに検討しているが、まだなんらかの懸念材料（金額が少し高い、周囲に反対者がいるなど）があり、意思決定できない状態にある

・Cヨミ：お客様は、こちらの商品やサービスに興味関心を示し、詳しく提案をしてもらいたいと思っている状態（単に興味本位で説明を聞いたのではなく、商談化したといえる状態）

このA・B・Cの定義については、お客様の購買心理の観点で定義することがポイントだ。なお、この部分については、戦術レベルのPDCAの章で詳しく説明したい。

図の説明に戻ろう。下半分のⅡ．案件一覧表の部分に目を移してほしい。

このように受注確率の定義ができると、仕掛中の商談案件名と受注見込みの売上数字を表に入れていくことができるはずだ。エクセルファイルを使って計算式を埋め込んでおけば、各月の合計数字が上半分に表示される構造だ。

また、上段の1．集計数字の部分「残数字」という欄を見てみると、目標数字から、売上が確定している受注済とAヨミの数字を差し引いた数字が表示されるようになっている。この数字が、短期的な目標を達成するために認識しておくべき数字だ。

限られた営業日数の中で、効率的に残りの数字を埋めるためには、**受注確率と売上規模を勘案し、営業中の案件に対するパワー配分を考える**必要がある。

具体的には、Ⅱ．案件一覧表の部分に列挙されているBヨミやCヨミの営業中の案件を俯瞰し、

- **今月中に受注にもっていけそうなのは、どの案件か？**
- **そのためには、どんな営業活動が必要となるか？**

というシミュレーションをするイメージだ。

この「達成シミュレーション表」を上手く活用するポイントは、次のとおりだ。

【頻繁に数字を更新すること】

商談が進捗した時点で更新することを習慣化してほしい。そうすることで、自分が追いかける

べき金額（残数字）ボリュームをタイムリーに認識できると共に、この時期に、受注済、Aヨミ、Bヨミ、Cヨミの案件が**これくらいあれば達成できそうだ、という感覚がわかるようになってくるのだ。**

【数字の記入だけではなく、「次の一手」を記入すること】

「次の一手」を記入することで、残りの金額を埋めるために**必要となる作業ボリュームがわかってくる。**そうすることで、限られた日数の中で、どのようなパワー配分をすればよいかイメージできるようになってくるのだ。

【当月の数字だけではなく、数カ月～半年後の仕込み案件を記入すること】

日々の営業活動をしていると、どうしても短期的な視野になってしまう。今月の目標達成で頭がいっぱいで月末を迎え、ふと気が付くと、翌月以降の数字が全く足りないということは起こりがちだ。

実際に記入すればわかると思うが、現時点で記入されている商談だけは、数カ月～半年後の目標数字に対しては、おそらく足りていないはずだ。その**将来の数字を埋めるためには、早め早めに新たな案件の仕込み活動が必要になる。**つまり、先々の数字を頭に入れ、必要となる新たな

達成シュミレーションを有効に活用するポイント

頻繁に数字を更新すること

✓商談が進捗した時点で更新することで、この時期に受注済、A ヨミ、B ヨミ、C ヨミの案件がこれくらいあれば達成できそうだ、という感覚を身につける

数字の記入だけではなく、「次の一手」を記入すること

✓「次の一手」を記入することで、残りの金額を埋めるために必要となる作業ボリュームを見積もる

✓限られた日数の中で、どのようなパワー配分をすればよいかイメージする

当月の数字だけではなく、数ヶ月～半年後の仕込み案件を記入すること

✓目先の数字をつくることに気をとられるのではなく、先々の数字につながる新たな案件の仕込み活動も意識する

✓自転車操業的な動きにならず、安定した業績を維持することへつなげる

案件の仕込みを意識して記入することで、自転車操業的な動きにならず、安定した業績を維持することができるようになるのだ。

最後に、先に述べた**「顧客ポートフォリオ表」とのつながり**について補足しよう。

新たな案件の仕込みを効率的にするためには、アプローチすべき顧客群が明確になっている方がそ

の動きは効率的だ。「顧客ポートフォリオ表」があれば、そのアプローチすべき候補が見える化されている。**その中から商談化した案件が発生すれば、「達成シミュレーション表」に転記していけばよい**のだ。

このように、中長期的な視点で売れ筋を見極め創出していく「顧客ポートフォリオ表」と、短期的な目標達成に向けた「達成シミュレーション表」を組み合わせて活用することで、戦略レベルのＰｌａｎを緻密に行う習慣が身についてくるのだ。

2 戦略レベルのＤｏのポイント

戦略レベルのＰｌａｎの第一歩は、顧客を仕分ける箱をつくり、売れ筋を見極めることだとお伝えした。

よって、Ｐｌａｎの段階ではいったん箱をつくり、「きっとこのお客様はこの箱に入るだろう」と置いてみることになるはずだ。ただ、それが正しいとは限らない。実際にアプローチしてやりとりをしてみないと本当はどこの箱に入るのかはわからないものだ。

だから、PDCAを回す必要があるのだ。ここでは、自分が仮置きした顧客の位置付けを検証するためのDoのポイントをお伝えしよう。

①「売れ筋キーワード」を探る質問を投げかけているか？

もう一度、ホテルの宴会営業のケースに戻って説明しよう。

既存顧客A社では、毎年、新入社員の入社式を自分のホテルで実施してもらっているとしよう。A社は、地元に本社を置く従業員2000名の大手企業だ。つまり、顧客を仕分ける箱の「Large・高」に位置する顧客だ。

そこで、自分が担当するエリアには、A社に類似する未取引のB社（従業員2500名）も存在するとしよう。当然、同様に多くの新入社員を採用して入社式を実施しているに違いないと想像できる。よって、縦軸の取引規模では「Large」に位置すると考える。一方、横軸の受注確率の観点では、これまで一度も取引実績がなく、幹事担当との親和性は築けていない。

このB社を受注確率「低」にするか、「中」に位置付けるか、迷うところだ。なぜなら、**受注確率の低・中・高を仕分ける基準が、まだ曖昧**だからだ。こうなると、実際に幹事担当者宛てに訪問

戦略レベルのDoのポイント

売れ筋かどうかを見極めたいポイント(取引規模なのか、受注確率なのか)を意識して、その売れ筋キーワードを探る質問をすること

【最優先群】
A社

- 地元に本社を置く従業員2000名の大手企業
- 毎年、大規模な新入社員の入社式の取引有り

↓ 同様の規模・ニーズをもっている未取引企業はないか？

【未取引】
B社

従業員規模は2500名。
A社同様に「多くの新入社員を採用して入社式を実施しているに違いない」

Do → 顧客にコンタクトを取り、A社同様のニーズはあるのか、ニーズがある場合、その理由を探る

してみて、つまりDoしてみて、確認するしかないのだ。

実際に訪問して、例えば、次のような返答が返ってきたとしよう。

B社「ええ、入社式は毎年ホテルを借りて実施していますよ。ただ、いつもXホテルさんにお世話になっているのでね……」

営業「別のホテルを使われているのですね。それは残念です。」

多くの場合、このような会話になり、これ以上会話が進まない。「なんとか、我がホテ

ルも検討してください！」と、食い下がる営業もいるかもしれないが、こんな時におすすめしたいことは、次のような質問をすることだ。

営業「わたくしどものホテルでも、大手企業様の入社式を承っておりますので、できればご提案をしたいのですが、**毎年Xホテルさんに決めておられるには、何か理由があるのですか？**」

そうすると、例えば次のような回答が得られるかもしれない。

B社「Xホテルさんとは、もう**5年のお付き合いで、わが社の入社式の段取りをよく理解してくれている**ので、細かい打ち合わせをしなくて済みますので、**こちらも楽なんですよ**」

つまり、このような質問をすることで、**お客様がXホテルを選ぶキーワードを把握することができる**のだ。これがまさに、**受注確率を判断するための基準**になり、**「売れ筋を見極めるキーワード」**になってくるのだ。

まとめると、戦略レベルのDoのポイントは、**売れ筋かどうかを見極めたいポイント（取引規模なのか、受注確率なのか）を意識して、その売れ筋キーワードを探る質問をする**ことだといえる。

②戦略レベルのDoができる人とできない人の違いはどこにあるか？

そこまでわかれば、質問をすればいいんだろ、と思う方も多いかもしれないが、実際には**売れ筋キーワードを探る質問をすることは、なかなか難しい。**

なぜか？

理由は、営業担当の意識のもち方にある。

そもそも、お客様を訪問する際の営業担当は、当たり前だが、「受注を獲得しよう」と思ってお客様と向き合っている。つまり、商談モードの状態にある。このお客様は、どこの箱に仕分けるかを見極めようといった、マーケティング調査を目的にしていることはまずないだろう。

そのため、先述したホテルの宴会営業の事例のように、競合ホテルを使っているという事実が判明すると、「この商談は、これ以上営業パワーをかけても無駄かもしれない」と、営業担当の**気持ちが萎えてしまい、思考が止まってしまうことが多い**のだ。

つまり、この商談（B社から受注しようという営業活動）としては撤退モードになってしまい、「そもそも、どうしてずっと競合のXホテルを利用しているのか？」という問いを発する、**戦略モードの状態に、視点を瞬時に切り替えることができなくなってしまう。**

逆の場合もありえる。つまり、**嬉しさのあまり、売れ筋キーワードを聞き忘れる**のだ。

例えば、別のC社に宴会営業で伺った時に、顧客の方から「ちょうど、来年の入社式は、近場のホテル会場でやろうかと思っていたところです！」と、言われたとしよう。

あなたなら、どんなやりとりをするだろうか？

一般的には、「ありがとうございます！」「入社式の日程と人数については、お決まりですか？」「では、条件を確認させてください」……と具体的な要件を確認するやりとりが粛々と続くことになるだろう。

もちろん、このやりとりは、商談を進める上では、なんの問題もない。

このような商談としてのやりとりがひと段落した後に、**戦略モードの視点に切り替え**、「ところで、どうして来年からはホテルで入社式をやろう、ということになったのですか？」という、問いかけをしてほしいところだ。

例えば、顧客からは、こんな情報が聞き出せるかもしれない。

「これまでずっと地元の学生を採用してきたのですが、来年からは採用人数も増やし、他府県出身者も採用するので宿泊の手配も必要になるのです」

「また、自社の会議室には入りきれなくなるので、入社式もそのまま同じホテルで実施する方

戦略レベルのDoができなくなる営業担当の心理状態

顧客に訪問するということは、営業担当にとって「商談モード」

× 顧客から「他社のものを使っている」「うちは間に合っている」と言われると、思考が停止してしまう

× 顧客から「ちょうど今検討していたところ」「それはいいですね」と言われると、嬉しくてすぐに受注に向けた段取りモードになってしまう

心理状態を踏まえ、ひと呼吸入れて、**商談モードから戦略モードへの意識の切り替えをする**ことが大事

が便利だという理由です」

このように、戦略モードの視点に切り替えた質問をすることで、このお客様がホテルで入社式をやろうと考えたニーズとニーズが発生した背景が聞けるのだ。つまり、**「売れ筋を見極めるキーワード」**になってくるのだ。

まとめると、**戦略レベルのDoができる人は、商談モードから戦略モードへの意識の切り替えが上手い**のだ。

商談にのめり込んでしまうと、より各論の話が中心になり、喜怒哀楽の感情が入り乱れる。

「おお、ラッキー、大型受注になるかも！」

「このお客様は、あまり興味をもってくれそうにないなあ……」

「ずいぶん、ひどいことを言うな……」

でも、人と人とのやりとりだから、そうなる

のは当然だ。その後、ひと呼吸入れてから、**「なぜ？」と問いかけてみることをおすすめしたい。**

3 戦略レベルのCheckのポイント

戦略レベルのCheckのポイントでは、Doとして実践した「売れ筋を見極める質問」によって得られた情報を、どのように振り返り、顧客を仕分ける箱、すなわち**「顧客ポートフォリオ表」の精度を高めていく**かが論点になる。

①想定した取引規模とのズレを振り返る

まずは、顧客ポートフォリオ表の縦軸「期待できる取引規模」について、ホテルの宴会営業のケースを用いて考えてみよう。

ホテルの宴会営業のケースでは、「企業団体に所属する人員規模」「地元本社」「定例行事」などが、キーワードとして挙げられていた。

想定した取引規模とのズレの振り返り例

取引規模に関するキーワード：**「企業団体に所属する人員規模」「地元本社」「定例行事」**

事実	地元本社で急成長しているＩＴ企業社員募集の広告を至る所で目にする
仮説	きっと多くの新入社員を採用しているから、毎年どこかで入社式を実施しているに違いない。 採用を継続していれば、定例行事になるはずで、継続取引になる可能性も高い。
顧客の反応	大量採用をしていますが、即戦力となるエンジニアの中途採用が中心で、新卒採用はほんの少しです。だから入社式は本社の大会議室で実施しています
振り返り	「大量の社員募集をしていれば大規模な入社式をやっているに違いない」という仮説が違っていた。 募集要項をよく確認し、新卒採用の人数をチェックすることが、「期待する取引規模」を予測するうえで大事になることを学習

想定した取引規模とのズレを振り返ることで、予測の精度が上がっていく

見込み客に対してアプローチする際には、企業規模や形態から「これくらいの取引規模になるのではないか」という、うっすらとした仮説（予測）を立てていることが多いと思う。**ＰＤＣＡのＣｈｅｃｋの部分では、この仮説（予測）をもっているかどうかが重要**となる。それがないと、仮説（予測）との違いが検証できないからだ。つまり、Ｃｈｅｃｋ自体ができないわけだ。

縦軸の「期待できる取引規模」については、そんなに難しいことではなく、当初の予測が外れた場合は、その背景をお客様に確認して、予測の精度を上げていくことを繰り返すことに尽きる。

例えば、地元本社で急成長しているIT企業で、社員を募集する広告を至るところで目にしていたとしよう。あなたは、きっと多くの新入社員を採用しているから、毎年どこかで入社式を実施しているに違いないと仮説を立てたとしよう。採用を継続していれば、定例行事になるはずで、継続取引になる可能性も高いと予測したことになる。

いざ、お客様を訪問し入社式について切り出すと、

「確かに大量採用をしていますが、即戦力となるエンジニアの中途採用が中心で、新卒採用はほんの少しです。だから入社式は本社の大会議室で実施しています」

と、想定とは異なる回答が返ってくることもある。

ここで、**「なぜ、自分の想定したことが違ったのか？」を振り返ってほしい。**

この場合は、大量の社員募集をしていれば大規模な入社式をやっているに違いない、という仮説が違っていたことになる。つまり、その募集要項をよく確認し、新卒採用の人数をチェックす

ることが、「期待する取引規模」を予測するうえで大事になることが学習できたことになる。

このように、**想定した取引規模とのズレを振り返ることで、予測の精度が上がっていく**のである。

「そりゃそうだよね」と読者の方は思うかもしれないが、実際にこの地道な検証を行っている人は限られていると感じる。

なぜなら、私たちが接するクライアントの営業担当に、「どのようなお客様が、取引規模が大きくなりそうなのですか?」とインタビューで問うと、間髪を入れずに的確な答えを返してくれる人が、ほんの一握りだからだ。

想定どおりの場合もあれば、外れる場合もある。どちらも貴重な検証材料だ。営業の移動時間中でもよいので、**想定とズレた要因を振り返る習慣をつけてほしい。**

②得られた情報から、売れ筋の見極め力を磨く

119ページの図「ホテルの宴会営業の顧客情報」を見てほしい。同じ入社式という利用形態で、

ホテルの宴会場を活用している、A社、B社、C社で聞けた情報を整理したものだ。3社の会社概要は次のとおりだ。

【A社】
・地元に本社を置く従業員2000名の大手企業
・グループ会社の社員も含めた社員総会と合同入社式を合わせて実施
・10年間、毎年、ご利用いただいている既存顧客

【B社】
・地元に本社を置く従業員2500名の大手企業
・同じエリアで競合しているXホテルで、5年間、毎年、新入社員の入社式を実施している
・自社とは未取引のお客様

【C社】
・地元に本社を置く、従業員500名のベンチャー企業
・急成長中で、新卒採用数も増やし、地元の学生のみならず他府県からも広く採用を開始
・これまでは、自社の会議室で入社式を実施していたが、来年からホテル会場での実施を検討中

そして、その3社に対して、「売れ筋を見極める質問」をすることで得られた情報を、次の3つの観点で整理している。

①**「お客様が欲していたこと、困っていたこと」**
②**「お客様が感じている価値、メリット」**
③**「①、②、が生じている背景や顧客特性」**

そんなに難しいことではなく、**そもそもお客様はどんなことに困っていて、どんなメリットを感じて（期待して）いるのか？** ということを整理しているだけだ。この2つが、一般的にいわれる「ニーズ」と「ベネフィット（提供価値）」だ。

そして3つ目に、**売れ筋キーワードのヒントを見出すために、「ニーズ」と「ベネフィット（提供価値）」が生じる背景や顧客特性をまとめている**のだ。

この3つの作業をすることで、**4つ目の「売れ筋キーワード」が見えてくる。**

例えば、A社がずっと自社ホテルを利用している背景には、グループ会社との合同イベントで、各グループ会社間の連携役をホテル側が担ってくれていることに、価値を感じていることが挙

ホテルの宴会営業の顧客情報

	A 社（既存）	B 社（新規）	C 社（新規）
顧客概要	・地元本社 /2000 名 ・グループ会社の社員も含めた社員総会と合同入社式をあわせて実施 ・10 年間毎年取引有り	・地元本社 /2400 名 ・X ホテルの取引が５年間有りで、自社とは未取引	・地元本社 /500 名 ・急成長中で新卒採用数増大。他府県からも広く採用を開始 ・外部会場利用を検討中
① お客様が欲していたこと、困っていたこと	・本社総務部門が音頭をとって、グループ会社側と調整し、イベントの準備や運営をするのが、非常に大変だった		・他府県出身者も採用し、宿泊の手配も必要 ・自社の会議室には入りきれない
② お客様が感じている価値、メリット	・ホテル側が、本社とグループ会社間の連携役となり、イベントの準備から運営を取りまとめてくれることで、本社総務部門として省力化できている ・この地域で、グループ会社も含めた全社員が入る広い宴会場を持つホテルはここしかない	・ホテル側に運営をお任せできて、幹事として楽ができる	
③ ①.②.が生じている背景や顧客特性	・グループ会社との合同イベント ・多くの人数が収容できるスペースが必要	・競合ホテルがお客様と長年の付き合いで、段取りがわかっている	・急成長中のベンチャー企業 ・採用者数、エリアを他府県に拡大
④ 売れ筋キーワード	・グループ会社を有する地元本社の企業 ★3000 人を超える大規模なイベント	★競合ホテルとの取引年数が浅い	・急成長企業 ・全国採用
⑤ 横展開できる売り先	・〇〇株式会社 ⇒取引：大 ⇒受注確率：中 ・株式会社△△ ⇒取引：中 ⇒受注確率：中	・〇〇協会 ⇒取引：大 ⇒受注確率：中 ・株式会社△△商事 ⇒取引：中 ⇒受注確率：中	・株式会社△△テクノロジー ⇒取引：中 ⇒受注確率：中

げられる。また、３０００人クラスの多人数が収容できるスペースが必要になり、近場ではこのホテルしかないという理由からだ。

このような背景を紐解くと、

「グループ会社を有する地元本社の企業」なら、同様のニーズがあるのでは？

「３０００人を超えるイベント」が想定されるところなら、必然的に自社ホテルを選ぶはず。

といった仮説が思いつくはずだ。これがまさしく売れ筋キーワードだ。

特に、横線で示した「必然的に自社ホテルを選ぶ」という部分は、他社ホテルとの差別化ポイントだ。

つまり、前者で記した「グループ会社を有する地元本社の企業」は、ホテルの**利用ニーズの可能性を見極める売れ筋キーワード**で、後者の「３０００人を超えるイベント」は、**競合会社よりも自社が優位に立てる売れ筋キーワード**ということになる。

Ｂ社においても、競合ホテルが選ばれている背景は、「お客様と長年の付き合いで、段取りがわかっている」ことが、他社と差別化される要因で優位性を発揮しているといえる。その裏を返せば、たとえ競合ホテルとすでに取引があっても、「まだ昨年からのお付き合いだ」とか、「せっかくホテルに段取りを任せているにも関わらず、幹事側が負担を感じている」という情報がわかれ

顧客情報を整理することで精査された売れ筋キーワードの例

A社からのキーワード

✓「グループ会社を有する地元本社の企業」は、ホテルの利用ニーズの可能性を見極める売れ筋キーワード

✓「3000人を超えるイベント」は、競合会社よりも自社が優位に立てる売れ筋キーワードで、このようなニーズの場合は必然的に自社を選んでくれる

B社からのキーワード

競合先と既に取引があっても、以下のことがわかれば勝算がある

✓取引先との取引年数がまだ浅い

✓取引先に対する満足度が低い

C社からのキーワード

✓「急成長企業」「全国採用」している会社を検索すれば、ホテルでの入社式に興味をもってもらえる可能性が高い

ば、勝算は高くなるはずだ。

Ｃ社の場合は、「急成長していて、いよいよ自社内の会議室では収まらなくなってきた」「全国から採用者が集まるので、宿泊手配が面倒」がニーズの発生の背景だ。つまり、「急成長企業」「全国採用」している会社を検索すれば、ホテルでの入社式に興味をもってもらえる可能性が高いということだ。

このように、いろいろなお客様にアプローチをして、ニーズとニーズが発生した背景を聞き、整理することで、売れ筋キーワードの精度が高まってくることをご理解いただけたと思う。

1章で、一般的に受注確率は、お客様のニー

ズの強弱（お困り度）や競合優位性もしくは顧客親和性で決まると述べた。

そのニーズの強弱や競合優位性とは、具体的にどのようなことなのか。そこを高めていくことが、戦略レベルのＣｈｅｃｋのポイントだといえる。

4 戦略レベルのＡｃｔのポイント

①「売れ筋」を絞りアプローチする

戦略レベルのＤｏ、Ｃｈｅｃｋに書かれたことを実践していけば、自ずと売れ筋を見極めるキーワードは洗練されていくことになる。もう一度、119ページの図「ホテルの宴会営業の顧客情報」を見てほしい。「⑤横展開できる売り先」の欄に、自分が担当する顧客の中から、売れ筋キーワードに該当する具体的な社名を記入してみよう。すでに取引のある既存客も、まだ未取引の見込み客も両方だ。

例に示したように、その「期待できる取引規模」と「受注確率」を予想でよいので、大中小と設定してみてほしい。そうすることで、顧客ポートフォリオ表の中身が修正され、新たに付け加えられていくはずだ。

そして、**優先順位を見極め、ニーズや取引規模を想定し、その顧客にアプローチすることが、まさしく戦略レベルのＡｃｔ**なのだ。

Ａｃｔをすれば、また想定とのズレが見えてくるので、その検証を行いさらに精度を高めていくことこそが、ＰＤＣＡそのものだ。

②ＤｏとＡｃｔの違いを意識する

ＤｏとＡｃｔは、日本語に訳すといずれも行動するという意味になる。ただ、このＰＤＣＡという概念においては、最初に行ったＤｏと、Ｃｈｅｃｋという振り返りと検証を行った後のＡｃｔでは、その行動の質が変わってくる。

最初のＤｏよりも、仮説検証を経たＡｃｔの方がその精度が高まっているはずだ。つまり、Ａｃｔの方が軌道修正されているとよいわけだ。

※ＰＤＣＡのＡの部分は、Ａｃｔではなく、「Ａｄｊｕｓｔ（修正する）」という説もある。

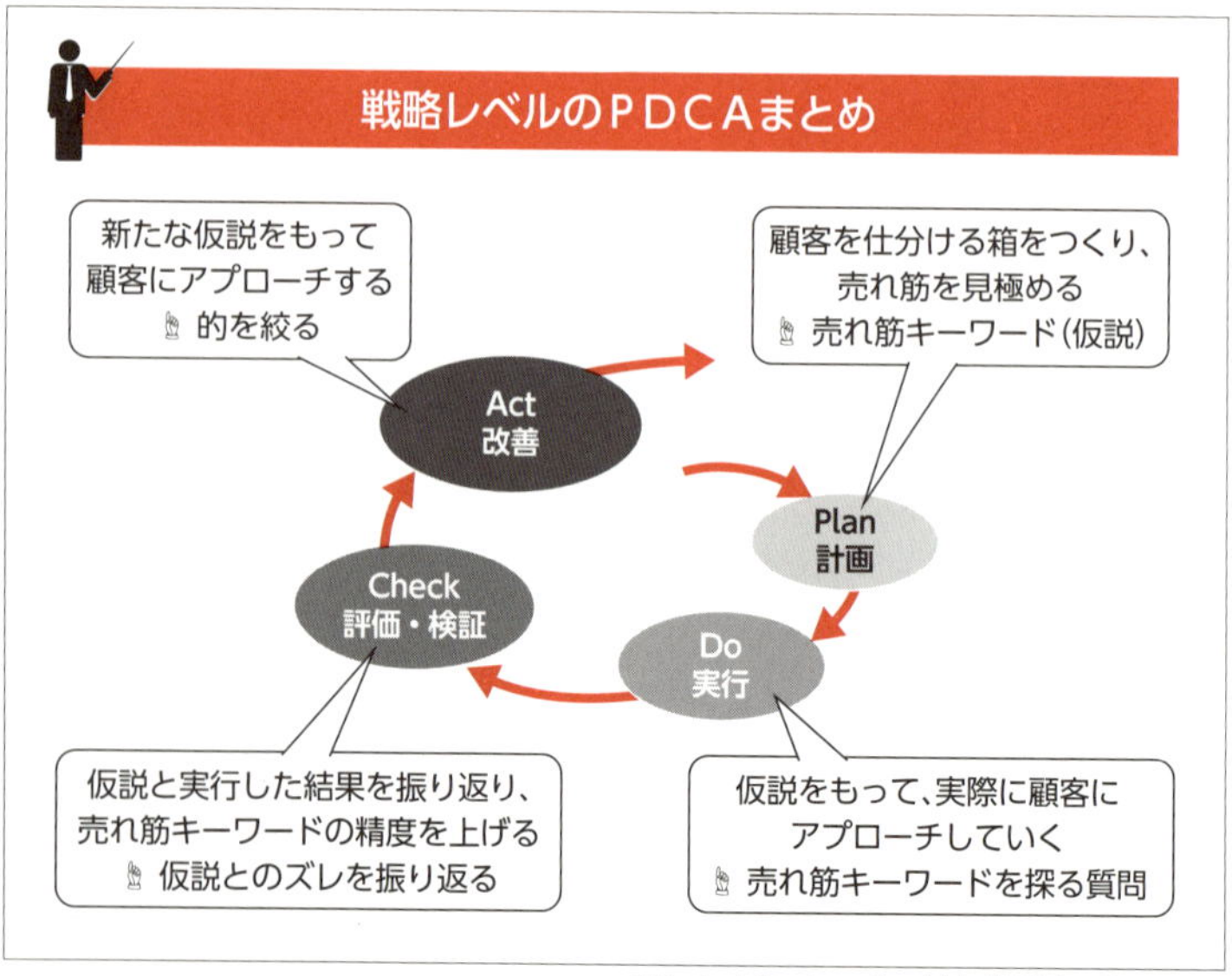

戦略レベルのPDCAが回せていると、ニーズの想定の精度がアップし、的外れなところに無駄足を運ぶことが少なくなり、受注確率が上がるはずだ。また、取引規模の想定のズレも少なくなり、受注単価が上がってくるはずだ。

このような実感が伴ってくると、PDCAがちゃんと回せているということであり、自分自身が成長している証拠だ。

ぜひ、**「精度が高まってきている」という感覚を意識して取り組んでほしい。**

第4章

戦術レベルのPDCAの回し方

1 戦術レベルのPlanのポイント

営業戦術とは、戦略を実行するための具体的な手法のことであり、お客様が自社の商品やサービスを購入するまでのストーリーを体系化して描いたものである。言い換えると、**戦略とは「売れ筋」を設定すること**であり、**戦術とは「売り方」を設計すること**である。

またハイパフォーマーは、その営業ストーリーを高い再現性で、効果的に実践できるよう体系化し、『勝ちパターン』として身につけていることも第2章で記したとおりだ。

つまり、ここで取り扱う「戦術レベルのPlan」のポイントは、効果的な売り方である『**勝ちパターン』の設計手法が論点となる**ので、まずはそこから説明していこう。

①効果的な売り方「勝ちパターン」の考え方

勝ちパターンの具体的な説明に入る前に、そもそも営業活動とは何かを整理しておこう。

営業活動とは、製品・サービスの対象顧客を定め、その購買心理を高めながら、営業として意図する購買状態（ゴール）まで顧客を導く一連の活動だ。

勝ちパターンとは、成果に結びつく再現性の高い営業活動を体系化して表現したものなのだ。私たちは、営業の勝ちパターンを、ゴール、プロセスゴール、営業目標、キーアクションという４つのキーワードを用いて表現している。まずはその説明をしよう。図「勝ちパターンの構造」もあわせて確認してほしい。

・ゴール：最終的なお客様の購買心理の状態

・プロセスゴール（以降ＰＧと記す）：ゴールに向けたプロセスの中でお客

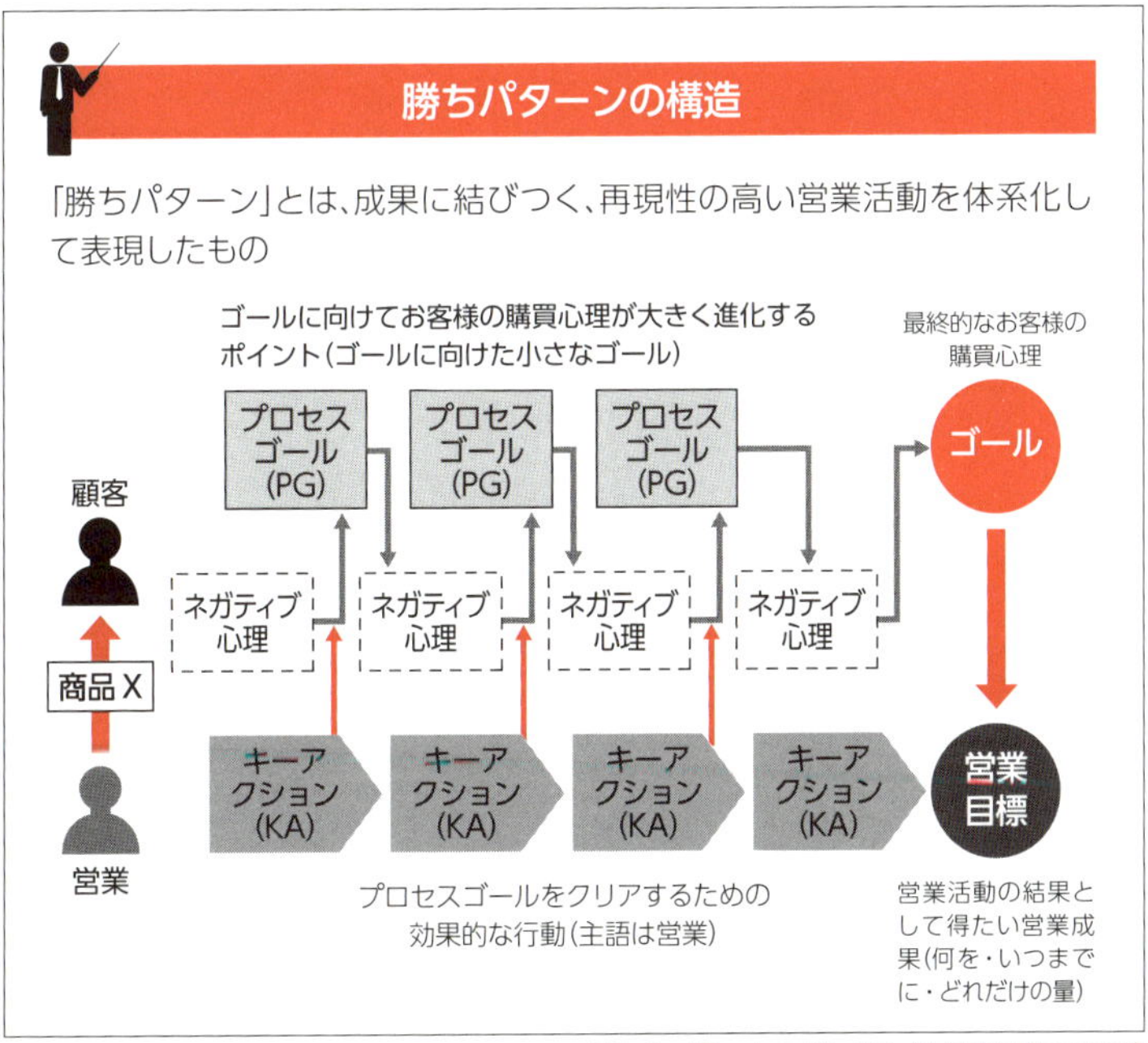

様の購買心理が大きく進化するポイント（ゴールに向けた小さなゴール）
・営業目標：営業活動の結果として得たい営業成果（何を・いつまでに・どれだけの量）
・キーアクション（以降ＫＡと記す）：プロセスゴールをクリアするための効果的な行動

ゴールとプロセスゴール（ＰＧ）は、お客様の購買心理の変化を表しており、お客様を主語に、お客様の気持ちや考えや、言動を表現する。127ページの図「勝ちパターンの構造」では、ネガティブ心理をおきつつ、ゴールに向かって購買心理をプラス（ＰＧ）に転じていくイメージを表現している。その購買心理の変化を促していくための、効果的な手法をキーアクション（ＫＡ）と表現している。営業がＫＡを行うことで、顧客のネガティブ心理が、ＰＧに転じ、最終的にはゴール状態になる。結果として、営業目標が達せられるという構造だ。

属人的で複雑に見える営業活動も、このような共通言語と共有フレームを用いることで、見える化しやすくなるのだ。

また第2章で、ハイパフォーマーの特徴は、アクションの意図が明確であり、購買心理を高めていく一連のストーリーがあると述べた。アクションの意図とは、まさしくＰＧのことだ。

勝ちパターンは、顧客の購買心理の変化をどのように促し、どのような活動をすればよいか、

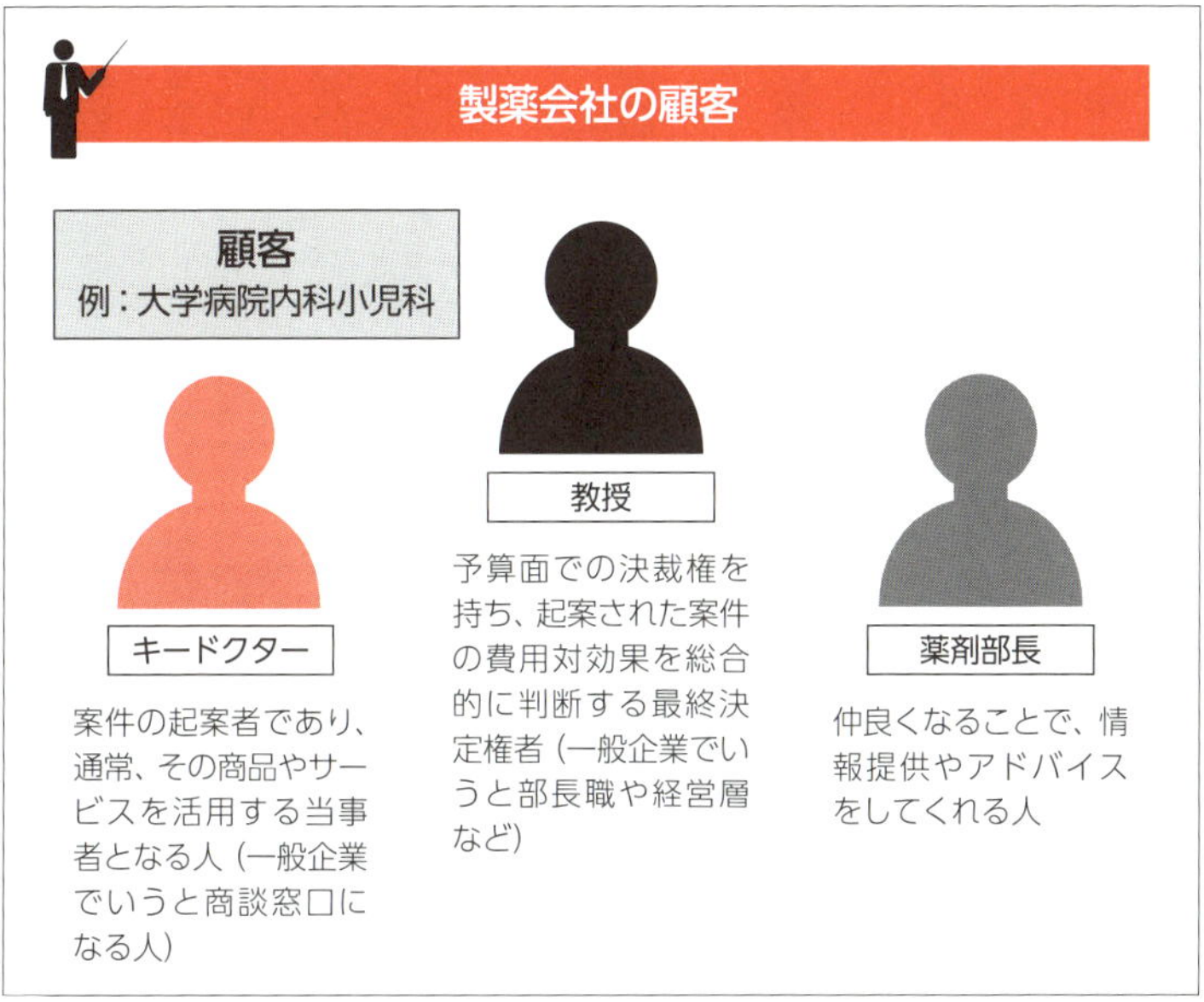
製薬会社の顧客
顧客
例：大学病院内科小児科
教授
予算面での決裁権を持ち、起案された案件の費用対効果を総合的に判断する最終決定権者（一般企業でいうと部長職や経営層など）
キードクター
案件の起案者であり、通常、その商品やサービスを活用する当事者となる人（一般企業でいうと商談窓口になる人）
薬剤部長
仲良くなることで、情報提供やアドバイスをしてくれる人

その営業ストーリーの全体像を表現している。つまり、ハイパフォーマーの思考特性を反映している表現方法ともいえるのだ。

製薬会社の新薬導入の営業を例に、勝ちパターンの具体例を説明していこう。

製薬会社の営業は少しイメージしにくいかもしれないが、まずは、図「製薬会社の顧客」を見て欲しい。営業担当（通称ＭＲと言われている）は、通常その薬品を処方するドクターにアプローチする。一般企業が顧客と考えた場合の商談窓口になるのがドクターなのだ。その中でも、決裁者に起案する役割を担うキードクターを見つけることが重要だ。また、最終的に新薬を導入する意思決定を行うのが、この場合は大学病院なので教授となる。一般企業が顧客と考えた場合は、部長職や経営層にあたる。また、直接意思決定には関わらないが、仲良くなることで、様々な情報提供やアドバイスをくれる薬剤師や看護師にアプローチすることもある。

では、132ページの図「勝ちパターンの例：ある製薬会社の場合」を見て欲しい。これは、製薬会社の営業担当が、競合製品を導入している大学病院に対して、自社の新薬に切り替えてもらうための勝ちパターンを図にしたものだ。

最初に、右下の営業目標の部分を見てみよう。

- 何を（商品）：新薬Aを
- どこに（売り先）：競合薬品Bを処方している大学病院の内科小児科に対して
- どれくらい（営業目標）：◯月までに、院内シェア20％を獲得

が、記載されている。

これはまさしく、これまで説明してきた「売れ筋」と「営業目標」である。勝ちパターンを設計

する場合には、まずはこのような前提条件を定めることが必要となる。
別の言い方をすれば、勝ちパターンとは営業戦術であるから、その前提条件となる営業戦略（何を、どこに売るか）が明確でなければ設計できないのだ。

②「勝ちパターン」の設計方法

前提条件である「売れ筋と営業目標」の設定に次いで、「売り方」の設計について説明しよう。

【「ゴール」をお客様のつぶやき、セリフで表現する】

まずは「ゴール」の設定方法のポイントを説明しよう。もう一度、132ページの図「勝ちパターンの例：ある製薬会社の場合」を見てほしい。

- **新薬Ａを**
- **競合薬品Ｂを処方している大学病院の内科小児科に対して**
- **○月までに、院内シェア20％を獲得**

という前提条件と営業目標に対して、右上のゴールの部分には次のように書かれている。

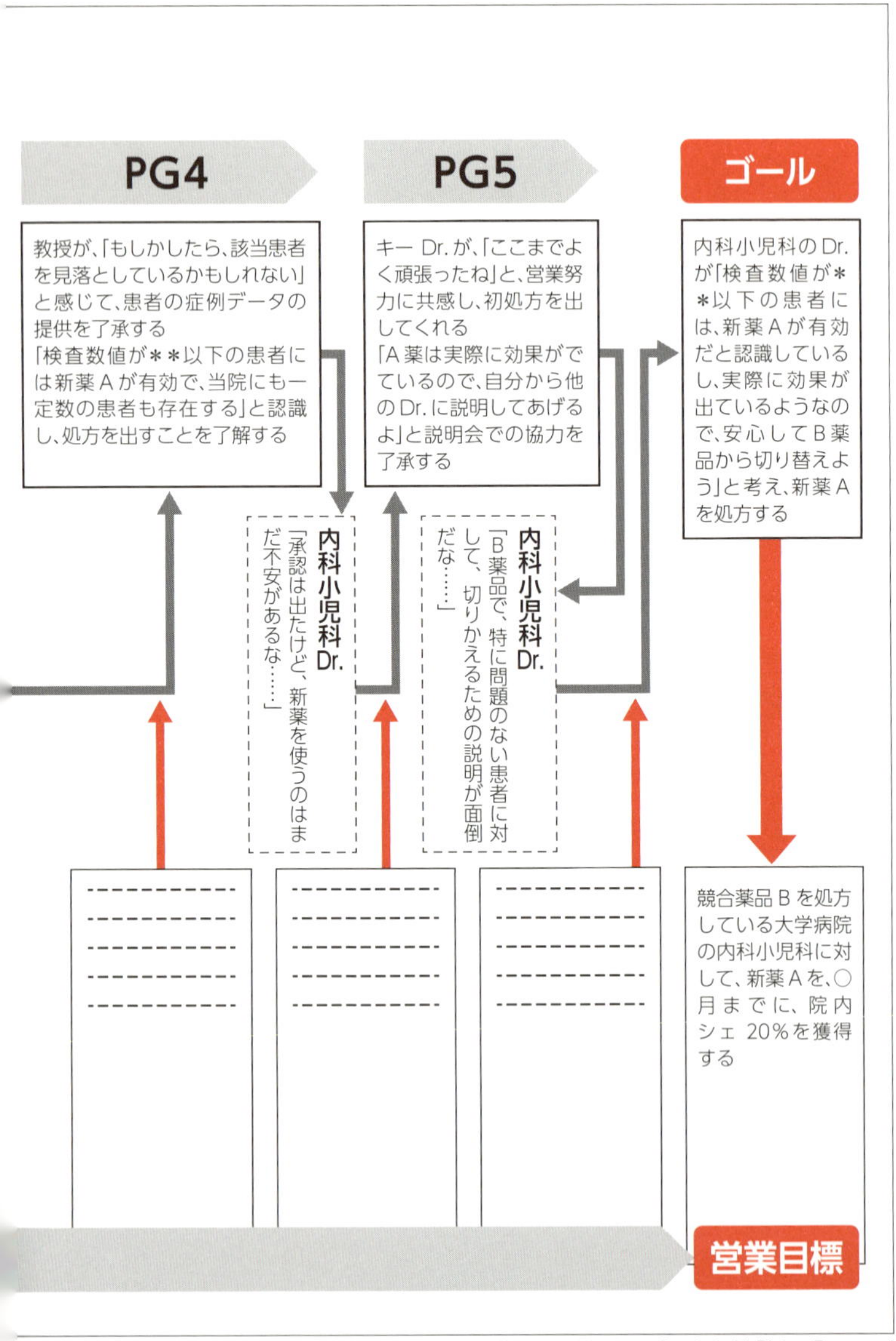
PG4
教授が、「もしかしたら、該当患者を見落としているかもしれない」と感じて、患者の症例データの提供を了承する
「検査数値が＊＊以下の患者には新薬Aが有効で、当院にも一定数の患者も存在する」と認識し、処方を出すことを了解する
内科小児科Dr.
「承認は出たけど、新薬を使うのはまだ不安があるな……」
PG5
キーDr.が、「ここまでよく頑張ったね」と、営業努力に共感し、初処方を出してくれる
「A薬は実際に効果がでているので、自分から他のDr.に説明してあげるよ」と説明会での協力を了承する
内科小児科Dr.
「B薬品で、特に問題のない患者に対して、切りかえるための説明が面倒だな……」
ゴール
内科小児科のDr.が「検査数値が＊＊以下の患者には、新薬Aが有効だと認識しているし、実際に効果が出ているようなので、安心してB薬品から切り替えよう」と考え、新薬Aを処方する
競合薬品Bを処方している大学病院の内科小児科に対して、新薬Aを、○月までに、院内シェ20%を獲得する
営業目標

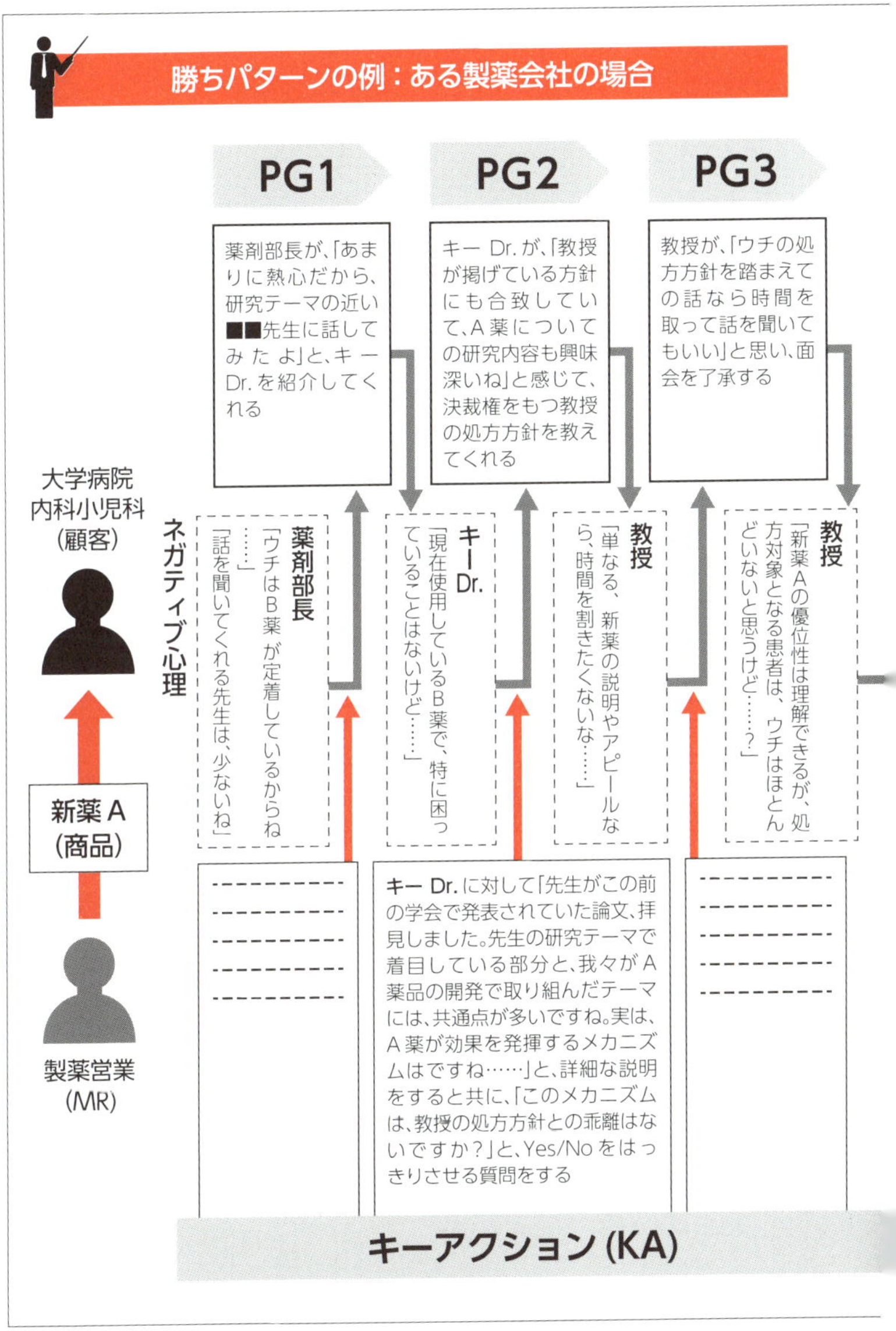

勝ちパターンの例：ある製薬会社の場合
PG1
PG2
PG3
薬剤部長が、「あまりに熱心だから、研究テーマの近い[redacted]先生に話してみたよ」と、キーDr. を紹介してくれる
キー Dr. が、「教授が掲げている方針にも合致していて、A 薬についての研究内容も興味深いね」と感じて、決裁権をもつ教授の処方方針を教えてくれる
教授が、「ウチの処方方針を踏まえての話なら時間を取って話を聞いてもいい」と思い、面会を了承する
大学病院
内科小児科
（顧客）
ネガティブ心理
薬剤部長
「ウチはB薬が定着しているからね……」
「話を聞いてくれる先生は、少ないね」
キーDr.
「現在使用しているB薬で、特に困っていることはないけど……」
教授
「単なる、新薬の説明やアピールなら、時間を割きたくないな……」
教授
「新薬Aの優位性は理解できるが、処方対象となる患者は、ウチはほとんどいないと思うけど……?」
新薬 A
（商品）
製薬営業
（MR）
キー Dr. に対して「先生がこの前の学会で発表されていた論文、拝見しました。先生の研究テーマで着目している部分と、我々が A 薬品の開発で取り組んだテーマには、共通点が多いですね。実は、A 薬が効果を発揮するメカニズムはですね……」と、詳細な説明をすると共に、「このメカニズムは、教授の処方方針との乖離はないですか？」と、Yes/No をはっきりさせる質問をする
キーアクション（KA）

内科小児科のドクターが、「検査数値が＊＊以下の患者には、新薬Aが有効だと認識しているし、実際に効果が出ているようなので、安心してB薬品から切り替えよう」と考え、新薬Aを処方する

このゴールの表現方法には、3つポイントがある。

ポイント①：主語をお客様にした表現である

前述のとおり、ゴールとPGはお客様の購買心理を表すものなので、この場合のお客様は薬を処方する内科小児科のドクターを主語にした表現となる。

ポイント②：自社製品を選択する理由が表現されている

「このような場合は、競合製品よりも有効だ」とか、「効果が実証されているので安心だ」といった、購買を選択する理由が明記されていることがポイントだ。

ポイント③：お客様がつぶやいているセリフのような表現になっている

これはハイパフォーマーのインタビューからわかったことなのだが、いわゆる「売れている人」は、商談のゴールイメージをとてもリアルに描いているのだ。リアルに描いているとは、言い換えると、誰がどんなことを思ってくれたら、買ってくれる状態になるのか、そのシーンが漫画の一コマで、お客様のセリフが吹き出しで描かれているように、目に浮かんでいるのだ。

この製薬会社のケースに戻ると、〇月までに、院内シェア20％になるためには、仮に内科小児

勝ちパターンのゴールの表現方法のポイント

①主語をお客様にした表現にする

ゴールとプロセスゴール（PG）はお客様の購買心理を表すものなので、お客様がどんな状態になっているのかを表現する

②自社製品を選択する理由が表現されている

「このような場合は、競合製品よりも有効だ」とか、「効果が実証されているので安心だ」といった、購買を選択する理由を盛り込んで表現する

③お客様がつぶやいているセリフのような表現になっている

商談のゴールイメージをリアルに描く。
誰がどんなことを思ってくれたら、買ってくれる状態になるのか、漫画の一コマのセリフの吹き出しのように描いてみる

科のドクターが10人いる病院だとすれば、10人のドクターが、132ページの図「勝ちパターンの例：ある製薬会社の場合」の右上に書かれているゴールである購買心理状態になっている必要がある、という意味なのだ。

これもインタビューの中で、あるハイパフォーマーがいっていた言葉だが、

「実際にお客様の顔を思い浮かべ、そのようなつぶやきがイメージできれば、すでに50%は達成しているようなものだ」

「逆に、どうみてもこのお客様が、そんなことを言うイメージができないと感じるようであれば、そのゴール設定は間違っている」

というコメントが、とても印象に残っている。これこそ徹底して顧客視点に立ち、お客様に向き合う営業姿勢であるように思う。

私たちがお客様と勝ちパターンを描くワークショップを実施する際には、購買心理のゴールイメージをお客様のつぶやきやセリフで表現してもらっている。

【ゴールに向けてのお客様の購買心理の変化を描く】

次は、ゴールに向けてのストーリーを描いていこう。プロセルゴール（ＰＧ）もゴールと同様にお客様を主語にし、ゴールに向けての購買心理の変化を表現していくことになる。132ページの図「勝ちパターンの例：ある製薬会社の場合」を見ながら、そのポイントを説明しよう。

ポイント①：お客様の購買心理が大きく進化する部分に着目する

プロセルゴール（ＰＧ）は営業プロセスの中でお客様の気持ちが前向きに大きく変わってほしい部分を取り上げて表現することがポイントだ。

具体例として、図「勝ちパターンの例：ある製薬会社の場合」のＰＧ1～5について補足説明しよう。

PG1：薬剤部長とまずは仲良くなって、キードクターの名前を教えてもらえる関係に進化する
PG2：次は、キードクターと仲良くなって、決裁者である教授の薬の処方に対する方針を教えてもらい、アドバイスをしてもらえる関係になる
PG3：そのアドバイスが活きて、教授が話を聞いてもよいと思う
PG4：やっと面会が叶い、新薬の説明を聞いた教授が、この病院にも該当患者がいるかもしれないと感じて、データ提供を了承してくれ、データ分析の結果を見た教授が、新薬の必要性を認めてくれる
PG5：教授の了承を踏まえて、仲良くなったキードクターが最初に自分の患者さんに新薬への切り替えに踏み切ってくれる。そして、そのキードクターが新薬の効果実績を他のドクターに広めてくれる

という意味が、それぞれのセリフには込められている。

これら5つのPGは、ゴールで表現されている「他のドクターも安心して新薬を使ってみよう」という状態にたどり着くまでの一連のストーリーになっていることが、ご理解いただけたと思う。

ただ、いきなりこのように描くことは難しいので、営業プロセスを進めるうえで生じる顧客の

ネガティブな心理状態を洗い出してみるとよい。お客様からこんな反応が返ってくると営業としては頭を抱えてしまう、というような状態を思い浮かべてみることがポイントだ。

ポイント②：主語には、商談に関わる様々な関係者が登場する

製薬会社の勝ちパターンの解説に入る前に触れた通り、5つのPGには薬剤部長・キードクター・教授など、いろんな人物が登場する。特に、法人向けの営業（よくBtoB営業ともいう）の場合は、購買に関する意思決定には、複数の関係者が関与する場合が多い。そのため、一連のPGの主語に、どのような関係者が登場するのかを想像してみることがポイントだ。

ポイント③：ゴールまでのストーリーに違和感がない

私たちは、医薬業界で仕事をしていたわけではないが、このPG1~5、そしてゴールまでの流れを見ると、素人ながらも「なるほど！この流れで進めば、目標達成になりそうだ」と思えてしまう。

つまり何が言いたいかというと、一連のPGからゴールまでのつながりに違和感がないのだ。ハイパフォーマーにインタビューすると、このような無理のない営業ストーリーを語るのだ。**まだ実現はしていないけれども、登場人物であるお客様が、あたかも言いそうなセリフを思い描い**

PG（プロセルゴール）の表現方法のポイント

①お客様の購買心理が大きく進化する部分に着目する

ゴールで描いた状態にたどり着くまでの「一連のストーリー」をお客様がつぶやくセリフのように表現する。
営業プロセスを進めるうえで生じる顧客のネガティブな心理状態を洗い出したうえで、それがプラスに転じた状態を表現する。

②主語には、商談に関わる様々な関係者が登場する

法人向けの営業の場合は、購買に関する意思決定には、複数の異なる関係者が関与する場合が多い。そのため、一連のPGの重大な局面に登場する様々な関係者を想像し、それを主語にして表現することが重要。

③ゴールまでのストーリーに違和感がない

素人にも「なるほど！この流れで進めば、目標達成になりそうだ」と違和感なく思えるくらい、一連のPGからゴールまでの流れを表現する。
そのために、商談の登場人物であるお客様の視点に立ち、その人の気持ちを徹底的に想像してみる。そのお客様になりきってみて、このセリフは言いそうか、どう見ても言いそうにないかを感覚的に判断してみるのも有効。

ているのだ。

それができるのは、徹底的に登場人物であるお客様の視点に立ち、その人の気持ちを想像しているからだ。例えば、この事例でいえば、PG4の時点で、「このキードクターのキャラクターならば、きっとここまで頑張った姿に共感してくれるはずだ」というイメージが湧いているのだ。そのお客様になりきってみると、このセリフは言

いそうか、どう見ても言いそうにないか、感覚的にわかってくるはずだ。

私たちは、**無理のない営業ストーリーを描くには、お客様視点に立つ感覚を磨くことが、とても重要**だと感じている。

私たちがお客様と勝ちパターンを描くワークショップを実施する際には、その感覚を確認するために、描いた一連のストーリーをひと通り話してもらうことにしている。そして、「実際に話してみて違和感はないか？」と問いかけると、無理なストーリーを描いていた場合は、「このPGの部分は無理やり感がありますね」と話した本人が気づくケースが多い。

読者の皆さまもPGを意識しながら、一連の営業ストーリーのシミュレーションをして、違和感の有無を確認していただきたいと思う。

【購買心理の変化を促すキーアクションを想定する】

ゴール、プロセルゴール（PG）を描いたら、キーアクション（KA）を考え、勝ちパターンを完成させていこう。

KAは、ネガティブ心理状態からPGの状態に転じるための効果的な手法のことだ。KAは、営業担当、つまり自分を主語にした表現になるので、比較的考えやすいはずだ。実際、すでにゴールとＰＧを描いている時点で、おおよそのＫＡはイメージできていることが多い。

つまり、**アクションの目的であるお客様の購買心理が明確になれば、おのずと営業担当としてやるべきアクションは見えてくる**のだ。だからこそ、ゴールやＰＧから逆算して考えることが重要だと私たちは考えている。

ＫＡを考える上でもいくつかポイントがあるので、整理していこう。

ポイント①：単なるアクションではなく、キーとなるアクションを考える

当たり前のことだが、実際にネガティブ心理状態からＰＧの状態に転じるためにやることは、たくさん思いつくはずだ。

例えば、132ページの図「勝ちパターンの例：ある製薬会社の場合」のＰＧ２にあるように、キードクターが、「Ａ薬についての研究内容も興味深いね」と興味を示し、「教授に説明する際には、この点を踏まえることが重要だよ」と決裁権をもつ教授の処方方針を教えてくれるようになるには、キードクターに足しげく通うとか、忙しい時間を避けて話しかけるとか、誰もが思いつきそうなアクションはたくさん出てくると思う。

そうではなく、**何が営業の優劣の差となるキーとなるアクションなのかを、研ぎ澄まして考え**

てみることが重要だ。

例えば、キードクターの学会での発表資料や専門誌への投稿記事を読み、どんなことに問題意識をもって患者を診察している人なのかを調べておくとか、単に調べるだけではなく、そのキードクターと会った時に、新薬との関連性を簡潔に伝えられるようにイメージトレーニングしておく。そして、キードクターとの面会の際に、「先生がこの前の学会で発表されていた論文、拝見しました。先生の研究テーマで着目している部分と、我々がA薬品の開発で取り組んだテーマには、共通点が多いですね。実は、A薬が効果を発揮するメカニズムはですね……」と、詳細な説明をすると共に、「このメカニズムは、教授の処方方針との乖離はないですか?」と、YES／NOをはっきりさせる質問をする。といった具合に、実践できるイメージが付くくらい具体的に表現することがポイントだ。

まさに、KAとは、このような優劣の差が付くアクションのことをいうのだ。

「いやあ、そんなのすぐには思いつかないよ……」

「それが最初からわかっていれば苦労しないよ」

という方も多いと思う。

ＫＡ（キーアクション）の表現方法のポイント

①単なるアクションではなく、キーとなるアクションを考える

たくさん思いつくアクションの中で、何が営業の優劣の差となるキーとなるアクションなのかを、研ぎ澄まして考えてみる。

②ＫＡは一つではなく、人や状況によってやり方は様々になる

狙っているＰＧは同じでも、営業担当のキャラクター、ベテランなのか、若手なのかによって、得意技は変わってくる。
よって、実際に有効なＫＡを見出すには、想定したアクションを、ＰＤＣＡを回しながら試してみることが重要になる。その中で、自分に合った得意技が見出していく。

そんな時は、上司や優秀だと思う人に、「このようなＰＧを狙っているのですが、こんな時どうしていますか？」と、どんどん聞きいていけばよい。**ＰＧを具体的に説明して相談すれば、その人なりの工夫点、すなわちＫＡを教えてもらえることが多い。**

逆に、「キードクターと話す時って、どんな工夫していますか？」といった漠然とした相談だと、答える方も抽象的な答えになってしまい、本来聞きたいＫＡが聞けなくなってしまうので、注意が必要だ。

ポイント②：キーアクション（ＫＡ）は一つではなく、人や状況によってやり方は様々になる

これも当たり前のことだが、このアク

ションさえやれば、必ず成功するというものはない。狙っているPGは同じでも、営業のキャラクター、ベテランなのか、若手なのかによって、得意技は変わってくるはずだ。

よって、実際に有効なKAを見出すには、想定したアクションを、PDCAを回しながら試してみることが重要になる。その中で、自分に合った得意技が見出されてくるはずだ。

③「売れ筋」が決まれば、「勝ちパターン」が見えてくる

ここまで、勝ちパターンを構成する「ゴール」と「プロセスゴール（PG）」、「キーアクション（KA）」の設計について説明してきたが、さらにその特徴を説明していこう。

146ページの図「勝ちパターンの特徴」を見て欲しい。

実際にいくつかの勝ちパターンを描くとわかるが、「売れ筋（売り物と売り先の有効な組み合わせ）」が同じであれば、ゴールやPGの内容に類似性が出てくる。

「製薬会社の勝ちパターン」の例でいえば、売り物である新薬Aと、売り先（顧客）である競合薬品Bを処方している大学病院の内科小児科という売れ筋を設定すれば、ゴールやPGの内容は、売り先が別の大学病院に変わったとしても、似た表現になってくるはずだ。

さらに類似するPGに着目すると、ネガティブ心理状態を前向きな心理に変えていくKAも、

整理してみると数パターンに集約されることが多い。このように、同じ「売れ筋」に対する「売り方」を体系化してみることで、共通点が見出され有効な手法がパターン化されるのだ。

これが、ハイパフォーマーがいくつもの「勝ちパターン」を見出し、磨きをかけている思考習慣だ。このような考え方ができるようになると、たとえ新規の営業先や、新製品を売ることになったとしても、高い精度で戦術レベルのＰｌａｎができるようになる。

④なぜ、営業マニュアルは活用されないのか

営業マネジャーや営業リーダーたちがプロジェクトを立ち上げ、大作ともいえる営業マニュアルを作成していることがある。ハイパフォーマーの営業ノウハウを、他の人にも共有するためだ。ところが、その営業マニュアルが実際の現場で上手く活用されているのかというと、机の引き出しの中にしまい込まれているケースが多い。なぜ、ハイパフォーマーのノウハウが詰まった営業マニュアルは活用されず、お蔵入りしてしまうのか？　実際に、現場の営業に聞いてみたことがある。そうすると次のような返答が返ってきた。

「営業の流れを理解するうえでは参考になるが、今、困っていることの解決にはならないから」

は決まる。
セスゴールは共通になることが多い

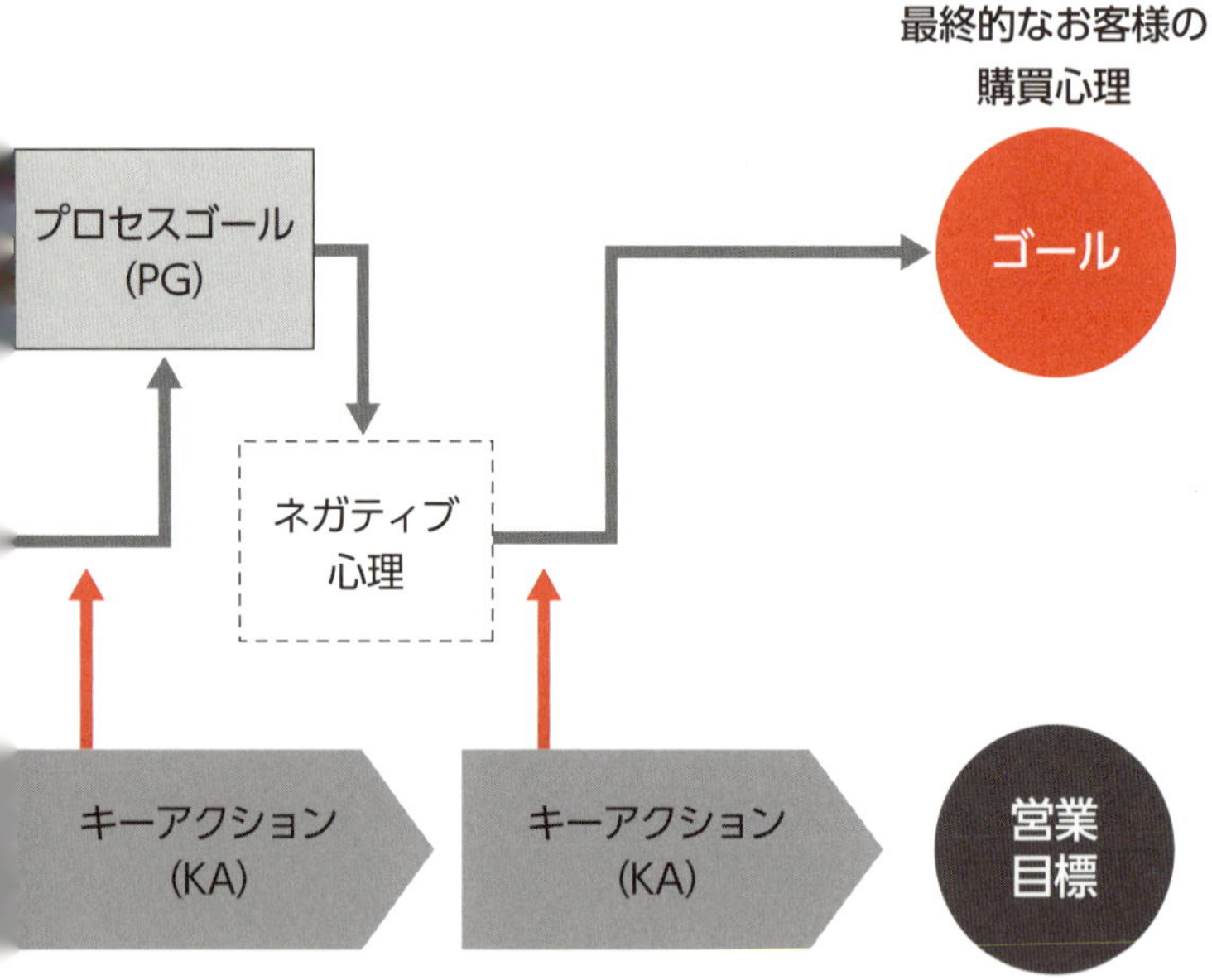

営業活動の結果
として得たい営業
成果（何を・いつ
までに・どれだけ
の量）

アクションも数パターンに整理されることが多い

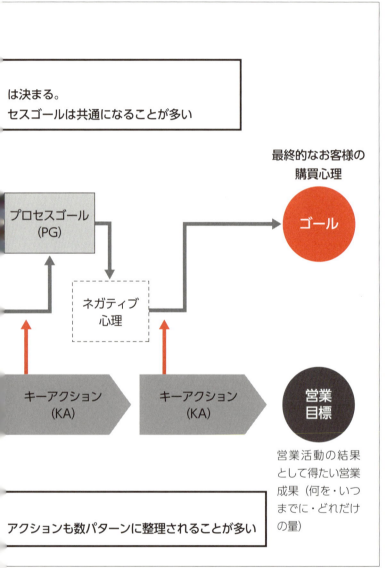

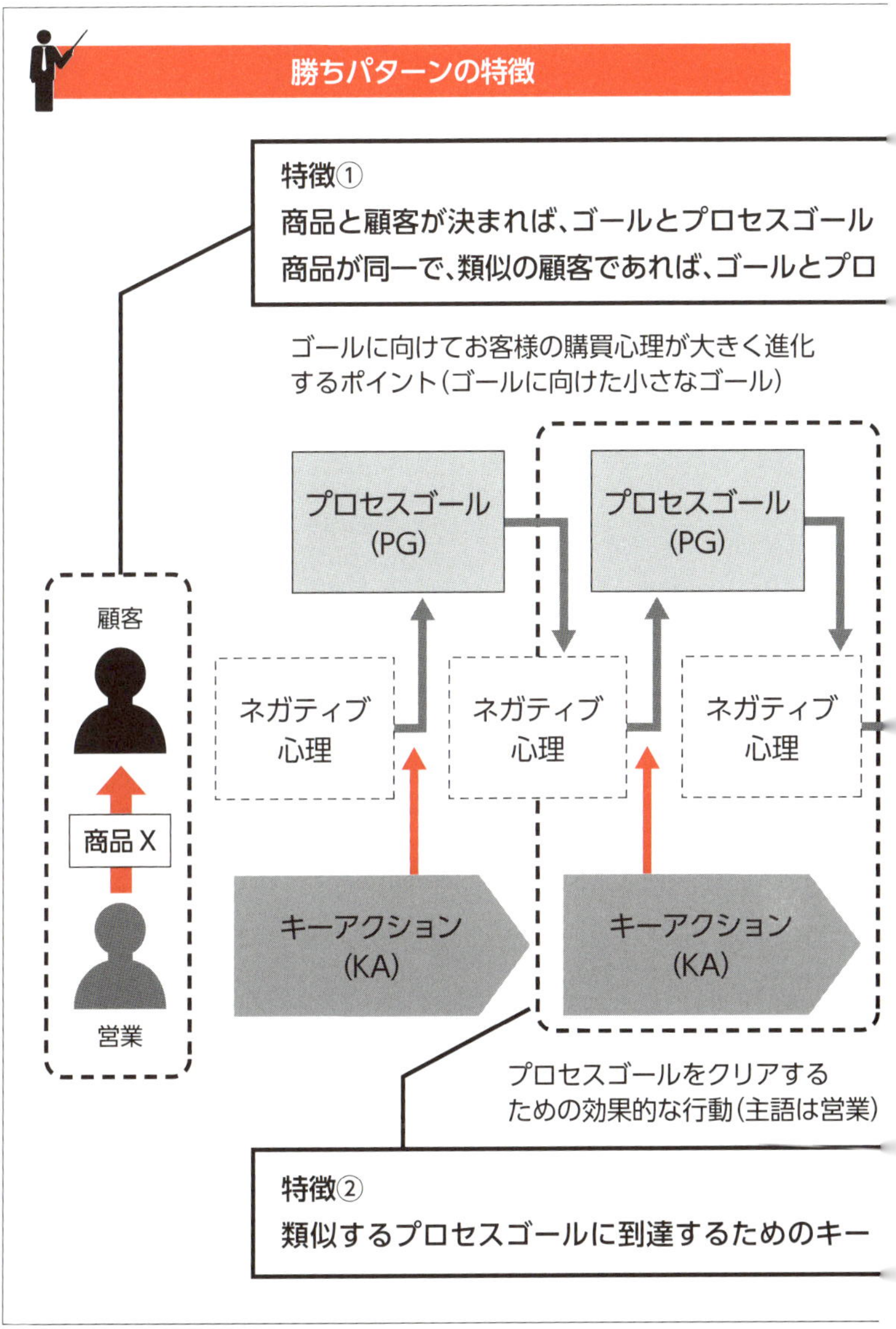
勝ちパターンの特徴
特徴①
商品と顧客が決まれば、ゴールとプロセスゴール
商品が同一で、類似の顧客であれば、ゴールとプロ
ゴールに向けてお客様の購買心理が大きく進化するポイント（ゴールに向けた小さなゴール）
プロセスゴール（PG）
プロセスゴール（PG）
顧客
ネガティブ心理
ネガティブ心理
ネガティブ心理
商品X
キーアクション（KA）
キーアクション（KA）
営業
プロセスゴールをクリアするための効果的な行動（主語は営業）
特徴②
類似するプロセスゴールに到達するためのキー

「自分が担当する商品やお客様の場合とは、ちょっと違うから」
「いろんな場面があるので、マニュアルどおりにやれば上手くいくわけではないと思うから」

つまり、営業マニュアルを見る側は、実際の場面で活用できる手法が知りたいわけだが、なかなかピッタリのものが見当たらないので見なくなる、というのが本音のようだ。

営業場面は千差万別で、マニュアルに書かれているのは、あくまでも一例に過ぎず、ケースバイケースの個別のアクションを網羅的にマニュアルに記載することは現実的ではないということだ。実際に私たちが関わったお客様でも、**お蔵入りしてしまう営業マニュアルに共通する特徴は、キーアクション（KA）例が書かれているだけで、これまで説明してきたプロセルゴール（PG）が描かれていないことが多い。**

逆に、売れている人の営業ノウハウを共有するためには、売れている人が行っているアクションの意図や狙い、すなわち**PGやゴールを共有した方が効果的**だ。前述のとおり、一連のPGからゴールまでの流れはパターン化されるので、汎用化しやすいからだ。

一方、PGやゴールをクリアするためのKAは、マニュアル化するものではなく、日々のPDCAによって工夫と改善がなされたり、新たに編み出されて刷新していくものだと思う。つまり、

営業マニュアルが使われない理由

よくある営業マニュアル

- □ 売れている営業担当のテクニックが並んでいる
- □ この場面では、こうすると良いという例示が示されている

一見よさそうだが、必ずしも自分が困っている場面にぴったりあてはまるテクニックがない

➡ **キーアクション（ＫＡ）例が書かれているだけで、プロセルゴール（ＰＧ）が描かれていないことが多いため、応用が効かないものとなってしまっている。**

売れている人が行っているアクションの意図や狙い、すなわちＰＧやゴールを共有する方がよい。

キーアクションのようなテクニック的なノウハウは、営業チームでその時直面している難しいＰＧを定め、実践を通してみんなでタイムリーに共有する方法が適している。

例えば、朝の営業ミーティングや、ＩＴを活用する場合は、ＳＮＳのような情報共有のシクミを活用するほうがよい。

辞書に蓄積するような静的な共有方法ではなく、むしろ、営業チームでその時直面している難しいＰＧを定め、実践を通してＰＧをクリアするのに成功したＫＡを、みんなでタイムリーに共有するような動的な共有方法が適している。

例えば、朝の営業ミーティングや、ＩＴを活用する場合は、ＳＮＳのような情報共有のシクミを活用するイメージだ。

2 戦術レベルのＤｏのポイント

戦術レベルのＰｌａｎのポイントは、効果的な売り方である『勝ちパターン』の設計であるとお伝えした。その設計した『勝ちパターン』を実践してみて、精度を高めていくことが求められる。ここからは、そのＤｏのポイントをお伝えしよう。

①「今日の商談の着地点」を意識しているか？

『勝ちパターン』とはお客様が自社の商品やサービスを購入するまでのストーリーを体系化して描いたものだ。これを実行（Ｄｏ）するのは、日々の商談場面だ。だが、勝ちパターンとして描いたストーリーを意識して商談に臨んだとしても、実際の商談場面になると、**目の前のお客様とのやりとりに没頭してしまい、せっかく描いたストーリーを忘れてしまう場合**がよくある。

ありがちな失敗例を挙げてみよう。

例えば、今日の商談では新商品の案内をして、お客様が興味を示してくれそうか、その感触を確かめたい、という目的で訪問したとしよう。

冒頭の雑談が落ち着くと、準備してきた新商品の資料をお客様に手渡し、熱心にその商品説明をし始める。だが、お客様の反応があまり芳しくない……自分の説明が足りないと感じて、さらに熱弁をふるう。

そして、ずいぶん長い時間、一方的に話していたことに気づき……

「なにかご不明な点はございませんか?」とお客様に問いかけるが、

「いや、大体わかりました」と素っ気ない返事。

「この新商品は、お役に立てそうですか?」と苦し紛れに聞くと、

「すぐに利用するイメージは湧かないですね……」と、ピンときていない反応。

「例えば、このような使い方はどうでしょうか?」と食い下がってみるが、

「まあ、御社からこのような新商品のご案内があったことは、職場で話しておきますよ」と、体のよい断り文句を言われてしまう。

このような失敗商談となる要因としては、**キーパーソンではない相手に対して、熱心に商品説**

明をしていることが考えられる。

戦術レベルのＰｌａｎのポイントで例示した、132ページの図「勝ちパターンの例：ある製薬会社の場合」をみても、最初のプロセルゴール（ＰＧ）は、「薬剤部長から、キードクターの名前を教えてもらうこと」になっている。このＰＧを達成するためのキーアクション（ＫＡ）は商品説明ではなく、キーパーソンの名前を引き出すための情報収集だ。

つまり、戦術上では、最初に会う人からはいろいろと情報を収集し、キーパーソンの名前を聞き出すことが着地点になっているはずなのに、いざ営業場面になると商品説明することが目的化してしまい、当初狙っていた着地点を忘れてしまうのだ。別の言い方をすれば、**商談モードにのめり込み、戦術を見失ってしまう**のだ。

では、どうすればよいのか？

繰り返しになるが、今日の商談の着地点を再認識して、やりとりすることだ。着地点とは、勝ちパターンで表現したＰＧのことだ。そして、再認識するとは、**あなたが期待する商談相手の反応をイメージして臨むこと**だ。つまり、勝ちパターンで描いた、ネガティブ心理を想定しつつ、それがどのようなプラスの心理（ＰＧ）に転ずればよいか、そのためにはどのようなアクション（ＫＡ）を取ることが有効なのかをイメージしたうえで、実行するということだ。そうすることで目的意識が明確になり、狙いをもって実行（Ｄｏ）することができる。**狙いをもって実行すれ**

ば、その成否の検証（Ｃｈｅｃｋ）ができるのだ。

②商談の終盤に、この後のストーリー展開を意識しているか？

二つ目の戦術レベルのＤｏのポイントは、商談の終盤にある。先ほどの失敗例のように、想定したとおりに進まない場合も多々ある。そうなった場合のリカバリー方法について考えてみよう。

例えば、やりとりの途中で、今面会している人は、キーパーソンではない……

さらに、誰がキーパーソンなのかも、今すぐは思いつかない……

ということがわかったとしよう。

つまり、戦術上では、キーパーソンの名前を教えてもらうことが、今回の着地点になっているが、狙いどおりにはいきそうにない……、さあどうする？　という場面だ。

もし他に面会できる人がいれば、早々に切り上げて、その人にアポを取り直すことも選択肢の一つだろう。ただ、せっかくお時間を割いてくれたお客様であるので、この方とのご縁は活かしたい。

また、他に面会できる人もいない場合は、今会っている方との面談を最大限に活かす方法を考えるしかない。となると、次につなげるための、この面談の終え方が、重要なポイントになる。

失敗商談にしないポイント

- **今日の商談の着地点をおく**

  商談を終えてお客様がどのような心理状態になっていればよいか（プロセルゴール）を明確に意識する

- **お客様の反応を想定する**

  着地点を想定したうえで、実際にお客様がどのような反応をするのかをイメージして臨む。つまり、ネガティブ心理を想定したうえで、それがどのようなプラスの心理になればよいかをイメージする

- **今回狙っている着地点に到達できそうかどうか、早めに判断する**

- **難しい場合は、次につながる面談の終え方を考える**

  着地点の方向修正をし、次につなげる工夫を考える

そのヒントとして、この章で何度も取り上げている、132ページの図「勝ちパターンの例：ある製薬会社の場合」の最初のPGを改めて見てほしい。

『薬剤部長が、「あまりに熱心だから、研究テーマの近い■■先生に話してみたよ」と、キーDr.を紹介してくれる』となっている。見てわかるように、ここには「①営業担当の熱意を感じてくれる」と「②キードクターの名前を教えてくれる」の二つのメッセージが入っている。

一つの考え方として、今回は②までは到達できないので、なんとか「①あまりに熱心だから」までは達成して面談を終え、次回以降に再チャレンジできる布石を打っておく作戦に切り替えるのが有

効だ。

具体的には、商談相手から、「あなたがウチのことを、いろいろと考えてくれているのは、よくわかったよ。興味をもちそうな人は何人かいるから、声をかけておくよ」という言葉をもらうことは可能かもしれない。

そう言ってもらえれば、「ありがとうございます。では、もっとわかりやすい資料も持参しますので、一週間後にもう一度お伺いさせてください」と、あえて宿題を作り、次の訪問の了解を得ることもできる。

このように実際に実行（Ｄｏ）してみると、想定どおりに進まないことはよくあるものだ。その際は、次の留意点を意識するとよいと思う。

- **今回狙っている着地点に到達できそうかどうか、早めに判断する**
- **難しい場合は、次につながる面談の終え方を考える**

（例：当方、先方ともに次回に向けた宿題を設定するなど）

ここで例示したように、実際にお客様と面談をする際には、小さな軌道修正が必要となる。ただ、あらかじめ設計（Ｐｌａｎ）した勝ちパターンがあれば、それが戻るべき拠り所となるので、次につながる適切な面談の終え方ができるのである。

3 戦術レベルのCheckのポイント

戦術レベルのDoの部分で、狙いをもって実行（Do）すれば、その成否の検証（Check）ができると述べた。つまり、戦術レベルのCheckのポイントは、**狙っていた今日の商談の着地点や、当初描いていたストーリー（勝ちパターン）とのズレを検証すること**にある。

①想定していたお客様の反応とのズレを振り返る

狙っていた今日の商談の着地点とは、想定していたお客様の反応であり、勝ちパターンで表現したネガティブ心理とプロセルゴール（PG）のことだ。では、「想定とズレる」とはどういうことなのか。具体例で考えてみよう。

あなたは、ネット広告を行っている企業に対して、その効果測定を行うサービスを提供している会社の営業担当だとしよう。実際の営業訪問先となる部署は、広告宣伝部や販売促進部になる。今日の商談では、広告宣伝部の担当者にサービスの案内をして、お客様が興味を示してくれそうか、その感触を確かめたい、という目的で訪問したとしよう。

事前に訪問先の会社のホームページや主要なネット媒体を確認すると、数多くのネット広告を実施している。きっと、自社が提供する効果測定サービスには興味を示すはずだと想定できる。サービス案内のアポイントを取るために担当者に電話を掛けた際にも、「わかりました。ではお話を聞かせてください」とすんなりと時間をとってもらえた。

こうしてアポイントが取れれば、あなたは、当初の「勝ちパターン」で設定したＰＧを、今日の商談の着地点として目指していこうと思うだろう。

具体的な初回訪問の着地点としては、広告宣伝部の担当者が、「費用次第だが、このサービスは役立つかもしれない」と思い、「弊社の広告の実施内容を提示するから、概算見積を教えてほしい」と依頼してくる、といった反応を期待していたとしよう。

ところが、実際にサービス説明をしてその感触を確認してみると、

「いやあ、**個人的にはとても勉強になりました。**ただ現在の私の仕事は雑誌広告が中心で、ウチの部署はテレビCMや新聞雑誌を使った企業のイメージ広告がほとんどでね。これからはネット媒体の活用も検討する予定なので、その時になったら改めてご相談します」

と、期待していた内容とは異なる残念な反応が返ってきてしまった。

これが、想定していたお客様の反応とのズレである。図「想定した着地点と実際の顧客の反応のズレの例」で、全体の構造を確認してほしい。

では、このズレにどのように対応すればよいだろうか。戦術レベルのDoの部分でも述べたように、想定とズレた場合は、当初の予定を変更し、次につながる妥当な着地点を見出すようなリカバリー策、つまり顧客の反応を踏まえたアクションの修正が求められる。

例えば次のように、

「事前に御社のことをネットで調べて参りましたが、数多くの広告を出しておられますね。それは広告宣伝部の担当ではないのですか?」

と確認することなどが考えられる。

すると先方の担当者から、

「ネット広告は、別部署のデジタルマーケティング部の管轄なんですよ」

という回答が得られたならば、改めてその担当者を紹介してもらうといった、次につながる着地

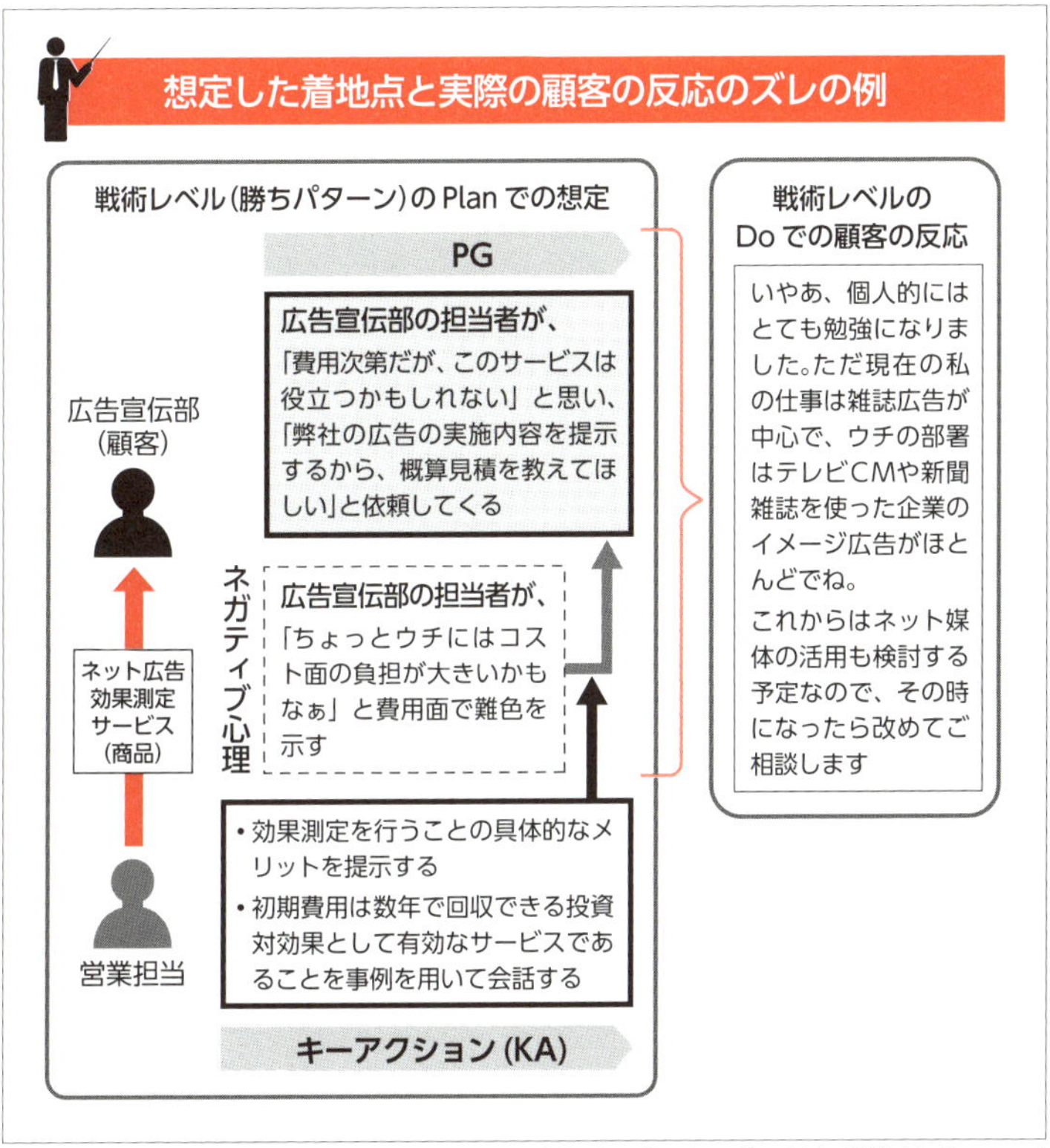

点を見出すことができる。

ただ、戦術レベルのＣｈｅｃｋの部分で重要なのは、**リカバリーをするだけではなく、想定とズレた理由を考えることが重要**なのだ。

②組織ニーズと個人ニーズを読み間違うと想定とズレる

「想定とズレる」とは、言い換えると、面談するお客様にはニーズ（必要性）があると思っていたのに、そうではなかったということだ。つまり、ニーズの想定が違っていたことがズレる理由だ。

一般的に、購買対象が個人である場合（ＢｔｏＣ営業）とは違い、会社などの法人に対して営業する場合（ＢｔｏＢ営業）は、商談に関わる関係者は多岐にわたる。また、組織の中で働く人はいろんな思いをもって働いている。それゆえに、法人向けの営業活動では商談関係者のニーズを読み解くことが難しい。

第２章でも触れた「組織ニーズ」と「個人ニーズ」という考え方を思い出してほしい。

【組織ニーズ】
商談相手が所属している会社や組織の方針や直面している課題、その担当者に課せられている職務上の役割（ミッション）のこと

【個人ニーズ】
その人特有の仕事に対する価値観やこだわり、欲求、興味関心事

このネット広告の効果測定サービスの事例に戻ると、広告宣伝部の担当者は、ネット広告の効果を検証し、最適化していく役割を担っている、つまりそのような「組織ニーズ」をもっているはずだ、と思って面談に臨んだけれども実は違った。それがズレた理由だ。

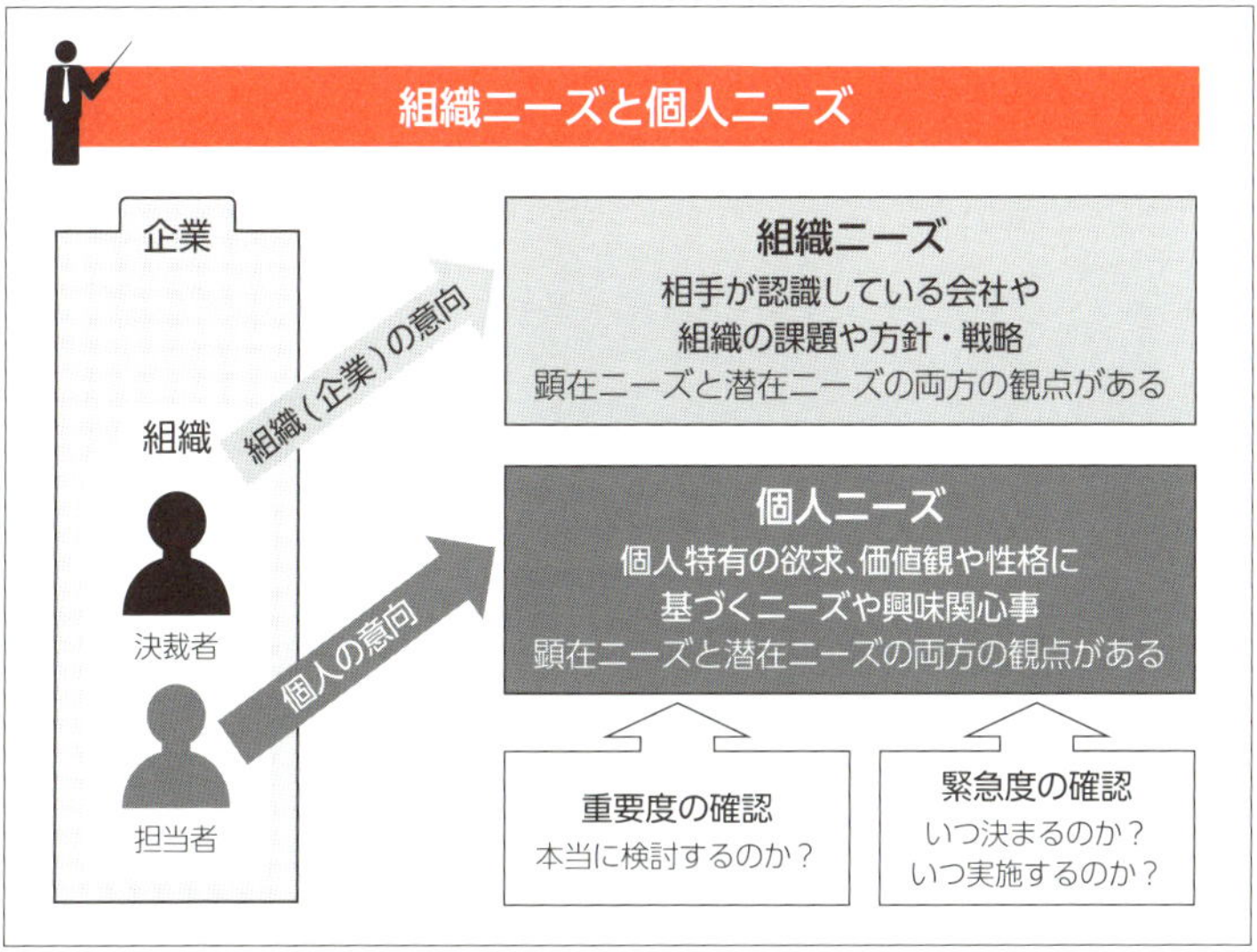
組織ニーズと個人ニーズ
企業
組織
決裁者
担当者
組織（企業）の意向
個人の意向
組織ニーズ
相手が認識している会社や
組織の課題や方針・戦略
顕在ニーズと潜在ニーズの両方の観点がある
個人ニーズ
個人特有の欲求、価値観や性格に
基づくニーズや興味関心事
顕在ニーズと潜在ニーズの両方の観点がある
重要度の確認
本当に検討するのか？
緊急度の確認
いつ決まるのか？
いつ実施するのか？

一方、前述の広告宣伝担当の発言で太字にした箇所に着目してほしい。

「いやあ、**個人的にはとても勉強になりました**。ただ、ウチの部署はまだまだテレビＣＭや新聞雑誌を使った企業のイメージ広告がほとんどでね……」

このニュアンスからすると、面談相手は個人的な興味関心で、ネット広告の効果測定の話を聞いていることがわかる。つまり、当初の想定とズレた理由は、**「組織ニーズ」をもっていると思っていたが、それは「個人ニーズ」だった**ことにある。

このように、多くの会社の広告宣伝担当者にアプローチしても、「組織ニーズ」がないことが判明した場合は、売り先が間違っていた

PG2

デジタルマーケティング部担当者が、
「費用次第だが、このサービスは役立つかもしれない」と思い、
「弊社の広告の実施内容を提示するから、概算見積を教えてほしい」と依頼してくる

デジタルマーケティング部担当者が、
「ちょっとウチにはコスト面の負担が大きいかもなぁ」と費用面で難色を示す」

- 効果測定を行うことの具体的なメリットを提示する
- 初期費用は数年で回収できる、投資対効果として有効なサービスであることを事例を用いて会話する

修正②
戦術レベルの修正

想定したPGの前に、もう1つPGを増やす。
つまり、対面できる広告宣伝担当者と関係構築をして、適切な部署を紹介してもらう

想定とのズレの修正例

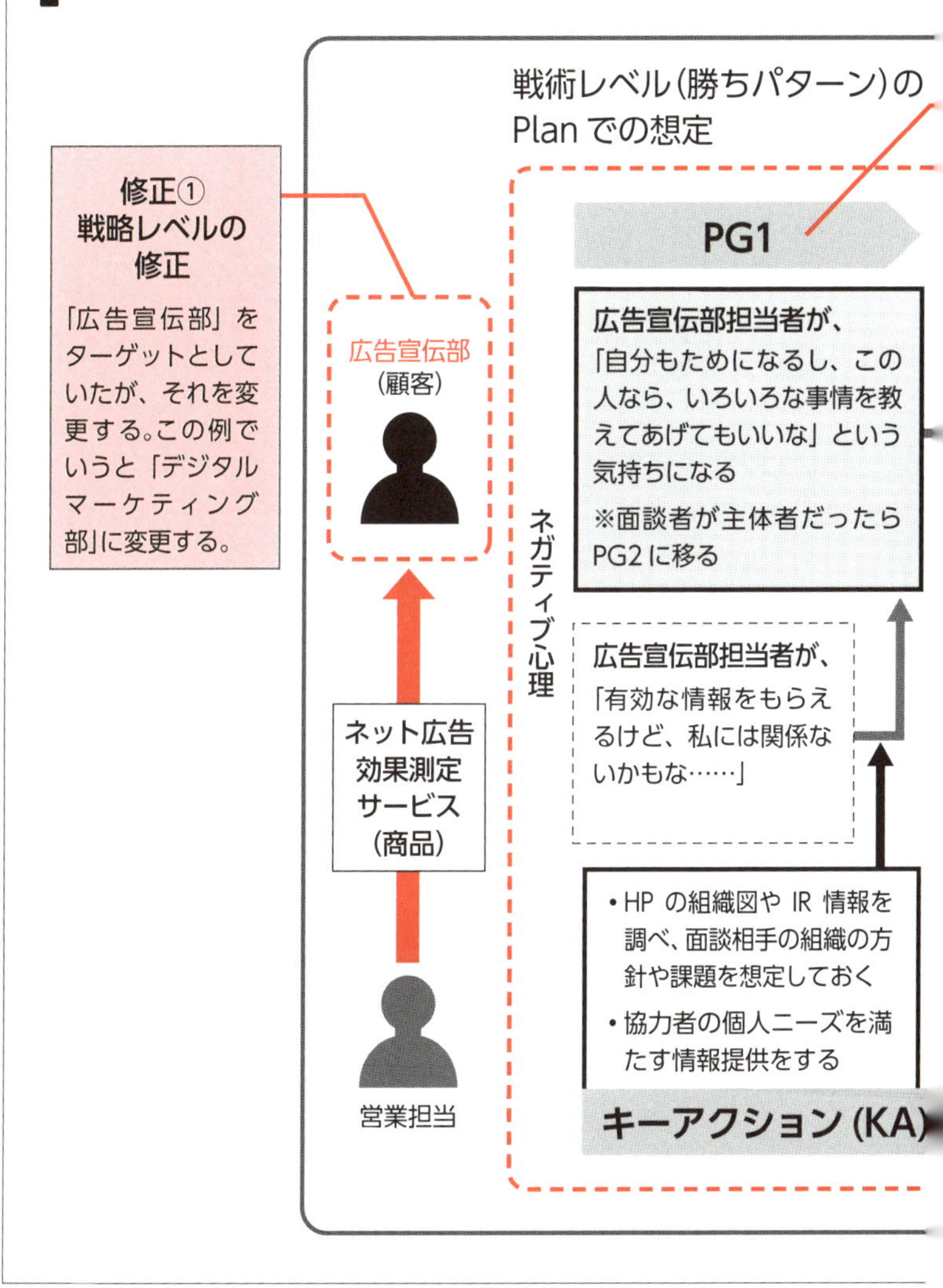

修正①
戦略レベルの
修正
「広告宣伝部」をターゲットとしていたが、それを変更する。この例でいうと「デジタルマーケティング部」に変更する。
広告宣伝部
(顧客)
ネット広告
効果測定
サービス
(商品)
営業担当
戦術レベル(勝ちパターン)の
Planでの想定
PG1
広告宣伝部担当者が、
「自分もためになるし、この人なら、いろいろな事情を教えてあげてもいいな」という気持ちになる
※面談者が主体者だったらPG2に移る
ネガティブ心理
広告宣伝部担当者が、
「有効な情報をもらえるけど、私には関係ないかもな……」
・HPの組織図やIR情報を調べ、面談相手の組織の方針や課題を想定しておく
・協力者の個人ニーズを満たす情報提供をする
キーアクション(KA)

ことを認識して、**戦略レベルの「売れ筋の修正」を行うことも重要**だ。

もしくは、**一律に妥当な売り先が設定できない場合**は、まずは対面できる広告宣伝担当者と関係構築をして、適切な部署を紹介してもらうような、**戦術レベルの修正を行うことが必要**となる。

③商談関係者の思惑を読み間違うと想定とズレる

先ほども述べたとおり、会社などの法人に対して営業する場合（ＢｔｏＢ営業）は、商談に関わる関係者は多岐にわたることが多い。この商談では、どのような関係者が関わって意思決定がなされるのか、また、その関係者は、どんな組織ニーズ、個人ニーズをもって働いているのか、その情報を読み間違うと、当初描いたストーリーどおりには進まないことが多い。

ここでは、商談に関わる関係者を次の４つのタイプに分類している。

- **決裁者：予算面での決裁権をもち、起案された案件の費用対効果を総合的に判断する最終決定権者**
- **ご意見番：専門的な知識や経験に基づき意見を述べ、案件の意思決定に影響を及ぼす人（一人とは限らない）**

- **主体者：案件の起案者であり、通常、その商品やサービスを活用する当事者となる人**
- **協力者：営業担当の味方になり、情報提供やアドバイスをしてくれる人　（お客様の中だけでなく、自社内やそれ以外のパートナーも含まれる）**

　ここで取り上げている、ネット広告の効果測定サービスの例に当てはめてみると、アポイントを取った広告宣伝担当者を当初、「主体者」だと思い面談をし始めたが、そうではなかったということになる。別の言い方をすれば、**提案する商品やサービスの「主体者」となる人は、それに関する「組織ニーズ」をもっている必要がある。**今回の面談者は、「個人ニーズ」だけだったので、「主体者」にはなり得なかったともいえる。

　ただ、「協力者」になってもらうことはできるかもしれない。

　例えば、広告宣伝担当者は、ネット広告の効果測定について、個人的には勉強になったと言っている。その言葉を額面どおりに解釈すると、「これからは、ネット広告が主流になってくるので、自分もその知識を深めておきたい」もしくは、「自分の今後のキャリアを考えるとデジタルマーケティング部への異動を希望していて、そのキッカケづくりとして今回の話に関わっておきたい」と思っているかもしれない。

　このような「個人ニーズ」を満たすような協力を営業担当として行うことで、相手の担当者も

商談関係者の4つのタイプ

商談関係者	役割
決裁者	予算面での決裁権をもち、起案された案件の費用対効果を総合的に判断する最終決定権者
ご意見番	専門的な知識や経験に基づき意見を述べ、案件の意思決定に影響を及ぼす人（1人とは限らない）
主体者	案件の起案者であり、通常、その商品やサービスを活用する当事者となる人
協力者	営業担当の味方になり、情報提供やアドバイスをしてくれる人（お客様の中だけでなく、自社内やそれ以外のパートナーも含まれる）

あなたに協力的に接してくれるかもしれない。

少し話は脱線するが、「袖振り合うも多生の縁」という言葉がある。**営業活動の原点は、人と人のご縁を活かしていくことにあると思う。**

そのためには、一見、商売には直接的には関わらないと思っても、お時間を割いてくれた人に対して敬意を示し、そしてその人が、**どのような思いをもって仕事をしているのか、そこに興味関心をもつことは大切なことだ。**

一般論として、自分のことを理解しようと向き合ってくれる人に、悪い印象をもつ人は少ない。このような人と向き合う姿勢が、「協力者」を増やしていくのだと思う。

話を本題に戻すと、「協力者」を数多くもつ人は、いろんな情報を教えてもらえる。

商談関係者と組織のニーズ・個人のニーズの例

ネット広告の効果測定サービスの例

顧客名：○○会社		組織ニーズ	個人ニーズ
決済者	デジタルマーケティング部長	限られた予算で昨年度以上の効果を出すこと	ネット広告の有効性を社内でアピールしたい
ご意見番	システム部長	システムのセキュリティー面の安全性を担保する	セキュリティートラブルなどで、また責任追及をされたくない
主体者	ネット広告担当Ａさん	主力商品の販促担当として売上貢献をすること	
協力者	広告宣伝担当者	雑誌広告を通して、会社のブランディングを行うこと	ネット広告の知識を深めて置きたい ネット広告部門への異動のキッカケをつかみたい

「この案件であれば、デジタルマーケティング**部長が決裁者**だね」

「部長は、自分たちの部署が行っている**ネット広告の有効性を社内でアピールしたい**と思っているから、きっと前向きに検討すると思うよ」

「また広告予算は削減傾向で、**限られた予算で昨年度以上の効果を出すことが組織ミッション**になっているから、広告予算の適正化を訴えると、決裁を得やすいはずだよ」

「まずはネット広告担当のＡさんに話をして、具体案を詰め

戦術レベルのCheckのポイント

- 当初の戦術が想定どおりに進まない主な理由は、商談関係者についての情報不足。
- 商談関係者が誰なのか、その人たちはどんな「組織ニーズ」「個人ニーズ」で仕事をしているのかに関心をもち、収集することで、名刺に書かれている無機質な情報に、お客様の人間味が加わり人物像が明らかになってくる。
- このような顧客情報の把握をしっかりとすることで商談関係者の思惑がわかり、想定からズレなくなってくる

るのがいいと思うな。**Aさんは主力商品の販促担当**で、実績も上げているし、部内への影響力は大きいからね」

「けれども、**システム部長は、セキュリティー面の責任者**だからね。事前に技術的な根回しは必要だと思うよ。ここだけの話だけど、以前セキュリティー面で問題になったことがあってね。その責任を社内外から追及されて大変な思いをしているから、**いろいろとご意見を言ってくる**と思うよ」などなど。

まとめると、当初の戦術が想定どおりに進まない主な理由は、商談関係者についての情報不足だ。商談関係者が誰なのか、その人たちはどんな「組織ニーズ」「個人ニーズ」で仕事をしているのか、協力者を通じて詳しく理解することができる。この

ような情報が付加されることで、**名刺に書かれている無機質な情報に、お客様の人間味が加わり人物像が明らかになってくる。**

このような顧客情報の把握をしっかりとすることで商談関係者の思惑がわかり、想定からズレなくなってくるのだ。

4 戦術レベルのＡｃｔのポイント

ここまで述べたように、戦術レベルのＣｈｅｃｋによって不足していた情報がわかってくると、当初に描いた勝ちパターンの精度アップができる。

例えば、面談した人が必ずしも主体者とは限らないとすれば、主体者を紹介してもらい、その人の組織ニーズや個人ニーズを事前に把握するプロセスを想定し、キーアクション（ＫＡ）に加えておくとよい。また、お客様内部の利害関係者との意見調整が重要だとわかれば、主体者とその作戦を練るようなプロセスを想定し、ＫＡを加えておくなどが、修正すべき点として挙げられる。

勝ちパターンの精度アップ例として、先ほどから事例で取り上げてきた172ページの図「勝ちパターンの例：ネット広告の効果測定サービス会社」を見て欲しい。PG1やPG4、PG5といった部分を補完することで、より緻密なストーリーになっている。

もう少し補足すると、概ね**法人営業の場合は、①商談化、②主体者との協働体制の確立、③利害関係者（ご意見番）の合意、④決裁者の合意、という重要な局面をクリアすることが求められる**（場合によっては、③と④の順番が入れ替わることもある）。①〜④がクリアできている時のお客様の購買心理は、各PGに書いてあるとおりだ。

そして、PGをクリアするために、営業担当は、**主体者を探して動機づけ、主体者の疑問不安を解消し、最終的な合意に至るまでのクロージング活動が必要**となる。動機づけ、疑問不安の解消、クロージングといった要素を加味したKAを想定しておくことがポイントだ。

つまり、戦術レベルのActとは、重要な局面に着目し、勝ちパターンのPGを補完したり、キーアクションに磨きを掛けていくことがポイントになる。ここでは、重要な局面の中でも優劣の差が生じやすい、①商談化、②主体者との協働体制の確立の部分について詳しく説明したい。

①商談化の精度を上げる

よくお客様から、「では、持ち帰って検討します」「とても貴重なご意見をいただき参考になりました」と言われたものの、表情や雰囲気からみて、きっと本気で検討はしないだろうな、と感じた経験をもつ方は多いと思う。言い換えると、「これは商談化してないな」と思ったということだ。

では、商談化するとはどういうことか？

それは、お客様が「この話は、**自分が主体者として検討しよう！**」と思うことだ。つまり、こちらがもち掛けている話を、「自分とは関係ない話だなあ……」と他人事で聞いているのではなく、自分事として聞き始め、この案件を前に進めるイメージ（例えば、意思決定者が上司の場合、起案する等）をもち始めれば、それは商談化しているといえる。

お客様が自分事として耳を傾けてくれるとは、「この案件は、自分の担当業務に＊＊なメリットがありそうだ」と、心の中でつぶやいていることだ。このように、**お客様が話を聞くメリットを感じる状態にもっていくことを「動機づける」という。**

つまり、商談化の精度を上げるには、お客様を動機づける部分を磨く必要がある。

では、どうすればお客様は動機づくのか？

それはこれまでにも述べてきたとおり、こちらが提案しようとしている商品やサービスが、少なくとも相対している**お客様の「組織ニーズ」を満たすことを伝えることだ**。そうすれば、お客様は自分の担当業務にメリットがある話かもしれないと思い、自分事として耳を傾けてくれる。

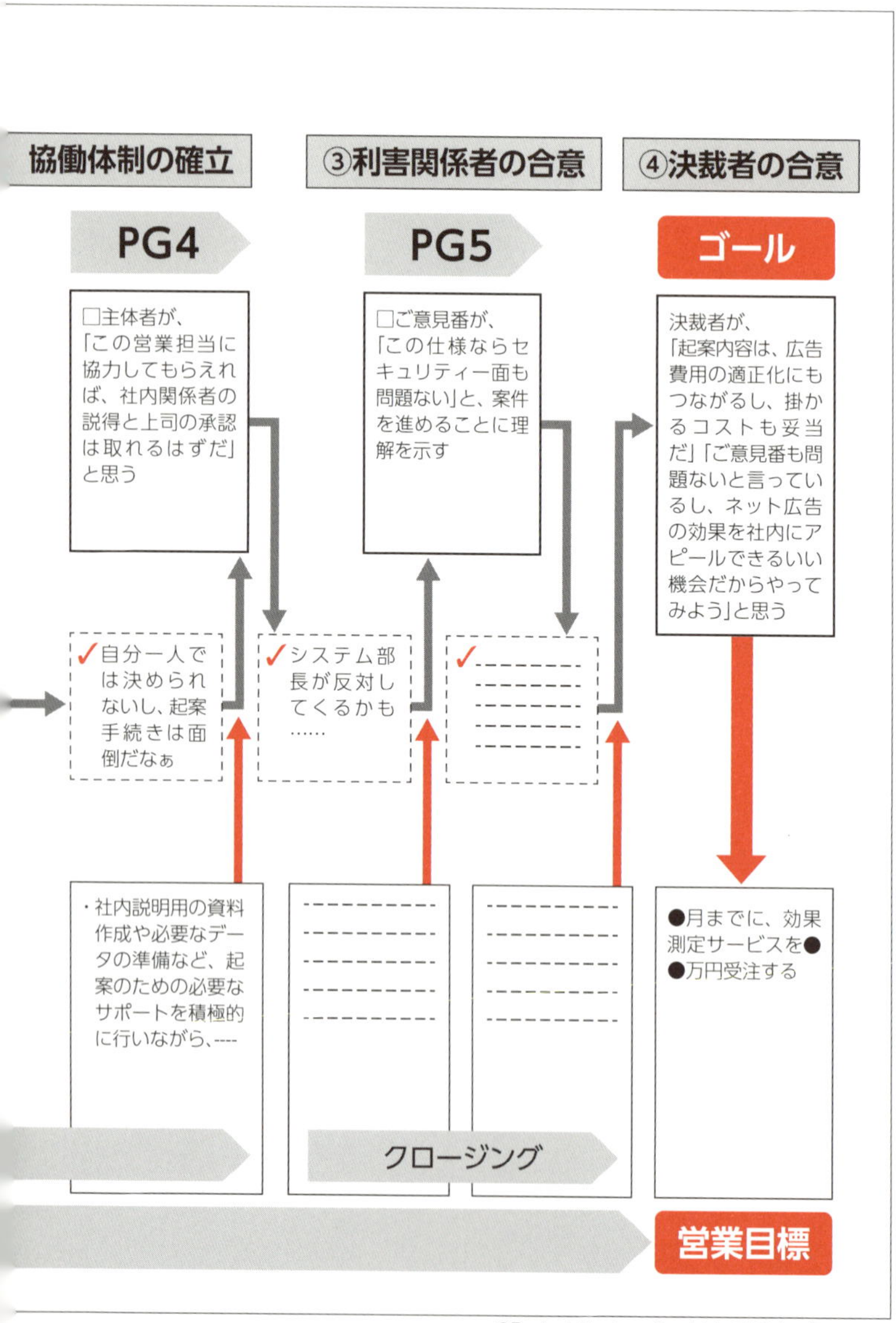

協働体制の確立
③利害関係者の合意
④決裁者の合意
PG4
PG5
ゴール
□主体者が、「この営業担当に協力してもらえれば、社内関係者の説得と上司の承認は取れるはずだ」と思う
□ご意見番が、「この仕様ならセキュリティー面も問題ない」と、案件を進めることに理解を示す
決裁者が、「起案内容は、広告費用の適正化にもつながるし、掛かるコストも妥当だ」「ご意見番も問題ないと言っているし、ネット広告の効果を社内にアピールできるいい機会だからやってみよう」と思う
✓自分一人では決められないし、起案手続きは面倒だなぁ
✓システム部長が反対してくるかも……
✓
・社内説明用の資料作成や必要なデータの準備など、起案のための必要なサポートを積極的に行いながら、----
●月までに、効果測定サービスを●●万円受注する
クロージング
営業目標

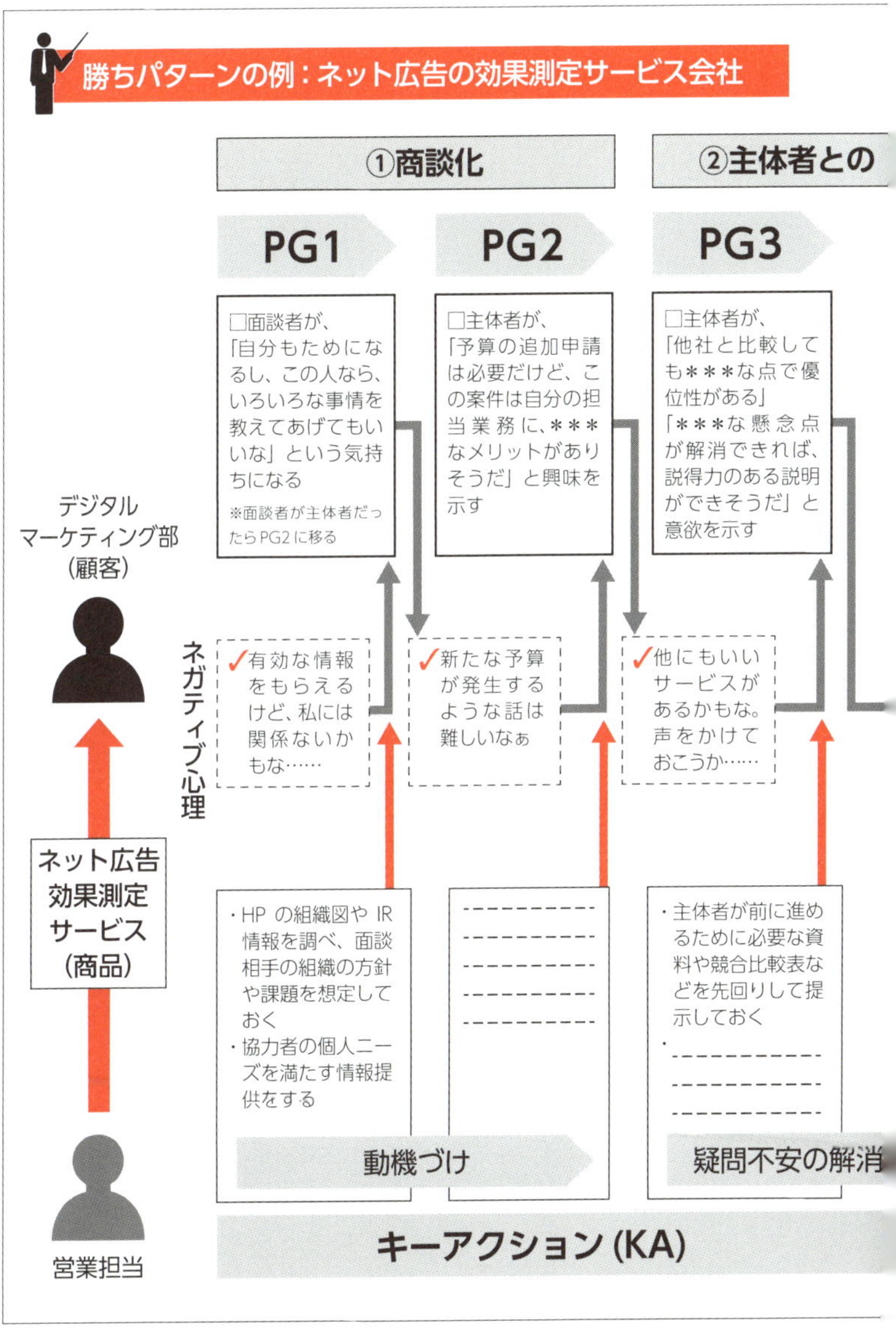

勝ちパターンの例：ネット広告の効果測定サービス会社
①商談化
②主体者との
PG1
PG2
PG3
□面談者が、「自分もためになるし、この人なら、いろいろな事情を教えてあげてもいいな」という気持ちになる
※面談者が主体者だったらPG2に移る
□主体者が、「予算の追加申請は必要だけど、この案件は自分の担当業務に、＊＊＊なメリットがありそうだ」と興味を示す
□主体者が、「他社と比較して も＊＊＊な点で優位性がある」「＊＊＊な懸念点が解消できれば、説得力のある説明ができそうだ」と意欲を示す
デジタルマーケティング部（顧客）
ネガティブ心理
有効な情報をもらえるけど、私には関係ないかもな……
新たな予算が発生するような話は難しいなぁ
他にもいいサービスがあるかもな。声をかけておこうか……
ネット広告効果測定サービス（商品）
・HP の組織図や IR 情報を調べ、面談相手の組織の方針や課題を想定しておく
・協力者の個人ニーズを満たす情報提供をする
・主体者が前に進めるために必要な資料や競合比較表などを先回りして提示しておく
動機づけ
疑問不安の解消
キーアクション（KA）
営業担当

「個人ニーズ」でも自分事として耳を傾けてくれるが、それだけでは、その人の担当業務には直結しないので、個人的に仲良くなるキッカケにはなるが、その人が主体者となって商談化することは難しい。

当然ながら、面談している人の「組織ニーズ」「個人ニーズ」の両方を満たすことになれば、

「この話は、個人的にも取り組みたいと思っていたテーマなんですよ！」

「ちょうど、私に任されている仕事にも直結するので、もう少し詳しく聞かせてください！」

となる。

ただ難しいのは、面談相手の組織ニーズがなかなか想定しにくいことだ。そこで、戦術的に重要になるのは、次の二点になる。

- 提案したい商品・サービスに、耳を傾けてくれそうな「組織ニーズ」をもった人（主体者）は誰なのかをつかむこと
- その人は、具体的にはどんな「組織ニーズ」「個人ニーズ」をもっているのかをつかむこと

これら二点をつかむために、情報を事前にキャッチするプロセスを勝ちパターンに組み込むことで、商談化の精度は大きくアップする。

商談化するとはどういう状態か？

お客様（商談相手）が「この話は、自分が主体者として検討しよう！」と思う状態

✕「自分とは関係ない話だなあ……」と他人事で聞いている

○自分事として話を聞き始め、この案件を前に進めるイメージ（例えば、意思決定者が上司の場合、起案する等）をもち始めている

商談化するためのポイント

「この案件は、自分の担当業務に＊＊＊なメリットがありそうだ」と、お客様が話を聞くメリットを感じる状態なるよう「**動機づける**」こと

具体的には、172ページの図「勝ちパターンの例：ネット広告の効果測定サービス会社」のPG1に示すように、**「協力者」を作りながら事前の情報収集を行う**ことができれば非常に有効だ。もしくは、「協力者」がいない場合には、少なくとも**面談相手の「組織ニーズ」を想定して臨む**ことだ。

例えば、ホームページに載っている組織図や上場企業ならば株主向けに公開しているIR情報などの公知の情報がある。そのような情報に目を通すことで、面談相手が所属する組織やその会社が掲げる方針をある程度想定することができる。また、**面談者と本題に入る前にちょっとした雑談をすることで、組織ニーズや個人ニーズにつながる情報を得ることができる。**このような一連の動きをキーア

クションとして実行するのだ。

なお、このあたりの具体的な手法論は第5章で触れるが、ここで重要なのは戦術レベルのPDCAを回すことにある。

つまり、訪問を重ねることで、「業界問わず、この部署の担当者ならば、こんな組織ニーズをもっている」「この業界には、共通してこんな部署があり、類似する組織ニーズをもっている」といった、「組織ニーズ」の共通項が見えてくる。

その**「組織ニーズ」の共通項を自分の中で整理して、パターン分類しておく**ことが重要なのだ。そうすることで訪問前に想定した「組織ニーズ」とのズレが少なくなり、効果的な動機づけができることで、商談化の精度が上がるのだ。

②主体者との協働体制を確立する

商談化に至ったら、次は主体者との協働体制を確立していく。

主体者との協働体制を確立するとは、平たくいえば、**主体者が「協力者」となり、お客様と二人三脚状態になること**だ。

お客様と一心同体となる関係ができると、商談を進めるために必要な情報が共有されるので、

商談化の精度を上げるポイント

以下の二点をつかむために有効な情報を事前にキャッチすること（このプロセスを勝ちパターンに組み込む）

- 提案したい商品・サービスに、耳を傾けてくれそうな「組織ニーズ」を持った人（主体者）は誰なのかをつかむこと
- その人は、具体的にはどんな「組織ニーズ」「個人ニーズ」を持っているのかをつかむこと

事前に情報をキャッチできない場合は、面談相手の「組織ニーズ」を想定して商談に臨むこと

【組織ニーズを想定する有効な方法】

✓ホームページに載っている組織図や上場企業ならば株主向けに公開しているIR情報などの公知の情報を活用し、想定する

✓様々な顧客への訪問を通じて得られた情報から、「組織ニーズ」の共通項を自分の中で整理して、パターン分類しておく

商談の受注確度は格段に上がる。ただこの状態にもっていくことは、なかなか難しい。

なぜなら、**少なくとも主体者レベルでは、競合会社が排除され、あなたの会社と取引しようと決めている必要がある**からだ。最も難しいのは、自治体や省庁などの公的機関が適用している公共入札制度の場合だ。公平性や業者との癒着を排除することを主旨としているので、お客様側と協働体制を築くことが困難な場合もある。しかし、一般の民間企業の場合であれば、そのハードルは低くなる。では、どうすればいいのか説明していこう。

先ほどの繰り返しになるが、お客様と二人三脚状態になるには、少なくとも主体者レベルでは、競合会社が排除され、あなたの会社と取引しようと決めている必要がある。

172ページの図「勝ちパターンの例：ネット広告の効果測定サービス会社」のＰＧ３のコメントを見てほしい。

「他社と比較しても＊＊＊な点で優位性がある」

「＊＊＊な懸念点が解消できれば、説得力のある説明ができそうだ」

とある。

まずこの部分を補足しよう。**主体者が本気で検討し、前に進めるために上位者に起案しようとすれば、必然的に不安や疑問が湧いてくる**ものだ。本当にこの商品でよいのか、この提案内容でよいのか、他社でもっとよいものはないのかなどなど、ネガティブ心理がたくさん出てくるのだ。

その不安や疑問を解消し、自分自身で納得したくなる。なぜなら、自分の中での意思決定理由が曖昧だと、他の関係者に筋の通った説明ができないからだ。この購買心理は、高額商品になるほど、お客様が個人の場合（ＢｔｏＣ営業の場合）でも同様だ。

ただ、この**意思決定の合理性を考える作業は、起案する主体者にとっては、面倒で負担に感じ**

ることが多い。この作業を営業担当が助けてくれると、主体者としては、とてもありがたいと思うはずだ。

例えば、**主体者が社内で説明することを想定して、競合サービスとの比較表を作成するとか、お客様の社内用語を使った表現に書き換えるなどは、ハイパフォーマーがよく実践しているキーアクション**だ。このように主体者の立場に立ったサポートを行うことで、

「この営業担当は、こちらの事情をよくわかってくれているな！」「使えるな！」

と感じてもらえるようになる。

このような関係が築けてくると、商品やサービス面で競合会社と大きな違いがなくても、この営業担当と仕事を進める方が、主体者にとっては楽で心地よいと思い始めている。

この時点で、主体者の気持ちのレベルでは、競合会社はかなり排除されているといえる。

次に、172ページの図「勝ちパターンの例：ネット広告の効果測定サービス会社」のPG4のコメントについて補足しよう。

「この営業担当に協力してもらえれば、社内関係者の説得と上司の承認は取れるはずだ」

となっている。

お客様側の主体者をサポートしながら情報が整理されてくると、決裁を得るまでに乗り越えなければならないハードルが見えてくる。これをボトルネックと言ったり、ネックと略して言う

場合もある。

例えば、

「システム部長が、セキュリティー面が弱いと反対しそうだ」

「今期確保している予算からオーバーしそうなので、この金額以内で収まるように修正が必要だ」

「競合会社のサービスとの違いをもっと明確に打ち出したいから、追加の資料が欲しい」

というものだ。

このようなネックとなる情報を主体者が開示してくれて、その解決に向けての協力の依頼をもち掛けてもらえるようになれば、二人三脚状態になっているといえる。

一方、自社の商品やサービスが、競合他社と比べて圧倒的な優位性をもつ場合や、商品がシンプルでわかりやすい場合は、営業段階でこのような協働体制を築く必要性はあまりない。お客様側で、意思決定の合理性を考える作業が簡単だからだ。

別の言い方をすれば、商品の力で売れている状態であって、営業力が決め手になっていないということだ。ただし、商品力だけで独り勝ちできる状態は長くは続かない。そのうち、類似商品が登場して差別化がしにくくなってくる。そうなると、これまで述べてきたように、勝ちパターンに磨きを掛けて営業力を高めていくことが求められてくるのだ。

主体者との協働体制を確立する

主体者と協働体制を確立するとは、
主体者が「協力者」となり、お客様と二人三脚状態になること

✓ 少なくとも、主体者レベルでは、競合会社が排除され、あなたの会社と取引しようと決めている状態

二人三脚状態になるための有効なキーアクション例①

主体者が本気で検討し前に進めるうえで生じる、不安や疑問を解消し、関与する関係者に意思決定理由を合理的に説明できるようにするために、

- ✓主体者が社内で説明することを想定して、競合サービスとの比較表を作成する
- ✓お客様の社内用語を使った表現に書き換える

など、主体者の立場に立ったサポートを行う

二人三脚状態になるための有効なキーアクション例②

主体者をサポートしながら決裁を得るまでに乗り越えなければならないハードルを一緒に整理する。

たとえば、

- ✓「システム部長が、セキュリティー面が弱いと反対しそうだ」
- ✓「今期確保している予算からオーバーしそうなので、この金額以内で収まるように修正が必要だ」
- ✓「競合会社のサービスとの違いをもっと明確に打ち出したいから、追加の資料が欲しい」

➡ この営業担当と仕事を進める方が、主体者にとっては楽で心地よいと思う状態となる。

③商談の進捗を客観的に確認できるＫＰＩを設定する

では、商談化したとか、主体者と協働体制が確立できたという判断は、何を基準に考えるとよいだろうか。172ページの図「勝ちパターンの例：ネット広告の効果測定サービス会社」のPGのコメントのように発言してくれたらわかりやすいが、ほとんどは、お客様が心の中でつぶやいているので、本当にそのように思っているのかが判断しづらいはずだ。

そこで、商談の進捗を客観的に確認できるKPIという考え方について説明したい。

一般的にKPIとは、Key Performance Indicatorsの頭文字の略で、「重要業績評価指標」と訳される。重要な業績をどのレベルに設定するかによって、いろんな観点のKPIがある。

この章のテーマである「営業戦術レベルでのPDCAを回す」という観点でいえば、**「勝ちパターン」の進捗を確認する判断基準**ということになる。具体的には、プロセルゴール（PG）をクリアした時に表れる、目に見える客観的な事象である。

「事象」とは、現場のやりとりで確認できる「お客様の言動」であり、「客観的」であるとは、誰もが同じ判断を示すということだ。

具体例として、184ページの方の図「勝ちパターンの例：ネット広告の効果測定サービス会社」

KPIとは

KPIとは、Key Performance Indicatorsの頭文字の略で、「**重要業績評価指標**」と訳される。

「営業戦術レベルでのPDCAを回す」という観点でいえば、**「勝ちパターン」の進捗を確認する判断基準**であり、**プロセスゴール（PG）をクリアした時に表れる、目に見える客観的な事象**のこと

に示すＫＰＩの部分を見てほしい。

「商談化」の判断基準であるＫＰＩ例①は、

- **効果測定結果のレポートは、どんな内容か？**
- **費用はどれくらいか？**
- **他社のサービスとの違いは？**

などの質問が出て、次回の詳細提案のアポイントが決まるとある。

つまり、**「提案書の提出を伴うアポイントの獲得」**をＫＰＩとすることで、第三者が客観的に見てＰＧをクリアしたかどうかを判断できる指標として取り扱うことができる。

補足すると、「商談化する」とは、主体者が本気で検討し、起案しようと思うことだ。人は本気で検討しようと思うと、必然的に不安や疑問が湧いてくる。裏を返せば、**お客様側から、疑問に思うことや不安に思うことが質問として出てくる**

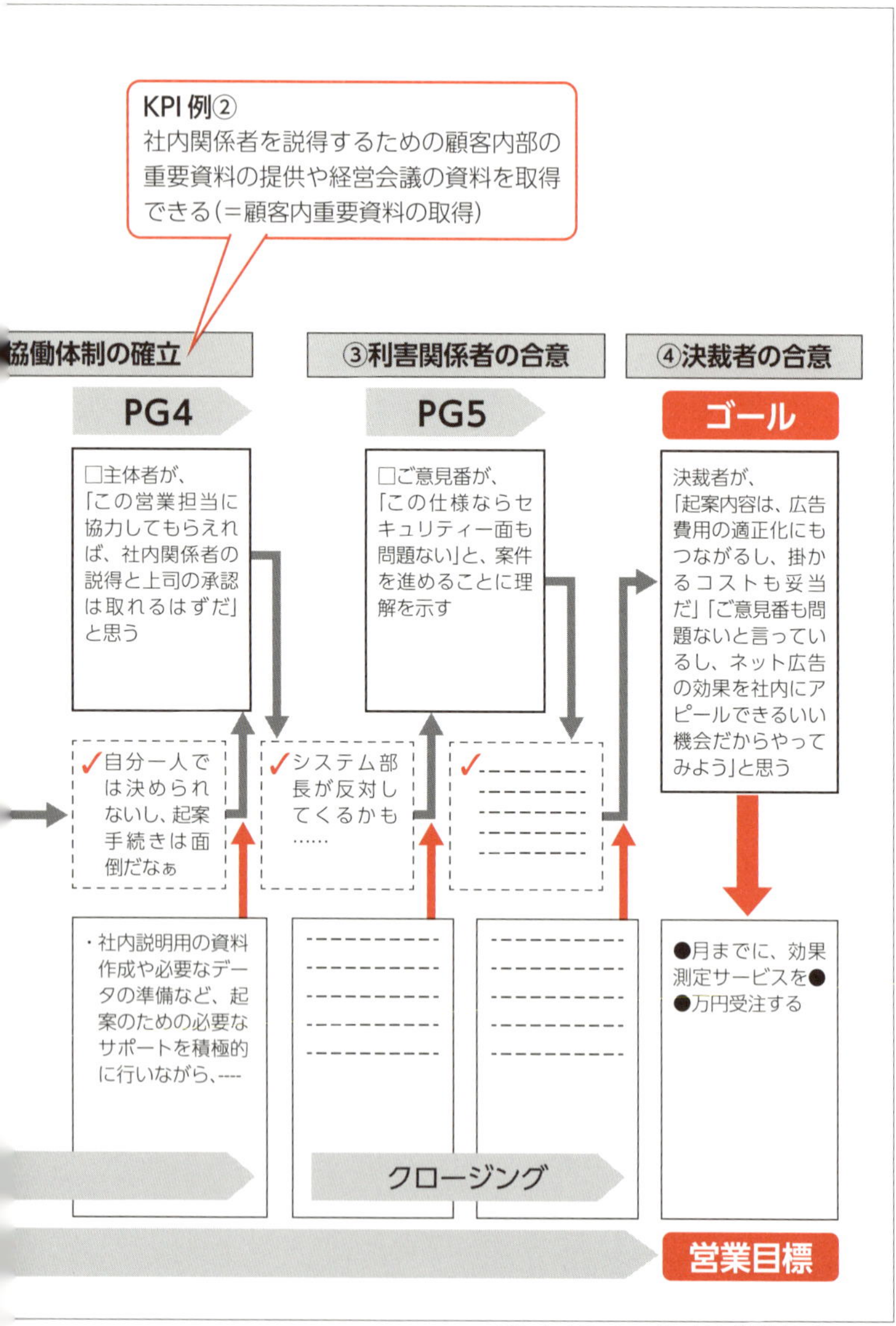
KPI例②
社内関係者を説得するための顧客内部の重要資料の提供や経営会議の資料を取得できる(＝顧客内重要資料の取得)
協働体制の確立
③利害関係者の合意
④決裁者の合意
PG4
PG5
ゴール
□主体者が、「この営業担当に協力してもらえれば、社内関係者の説得と上司の承認は取れるはずだ」と思う
□ご意見番が、「この仕様ならセキュリティー面も問題ない」と、案件を進めることに理解を示す
決裁者が、「起案内容は、広告費用の適正化にもつながるし、掛かるコストも妥当だ」「ご意見番も問題ないと言っているし、ネット広告の効果を社内にアピールできるいい機会だからやってみよう」と思う
✓自分一人では決められないし、起案手続きは面倒だなぁ
✓システム部長が反対してくるかも……
✓
・社内説明用の資料作成や必要なデータの準備など、起案のための必要なサポートを積極的に行いながら、----
●月までに、効果測定サービスを●●万円受注する
クロージング
営業目標

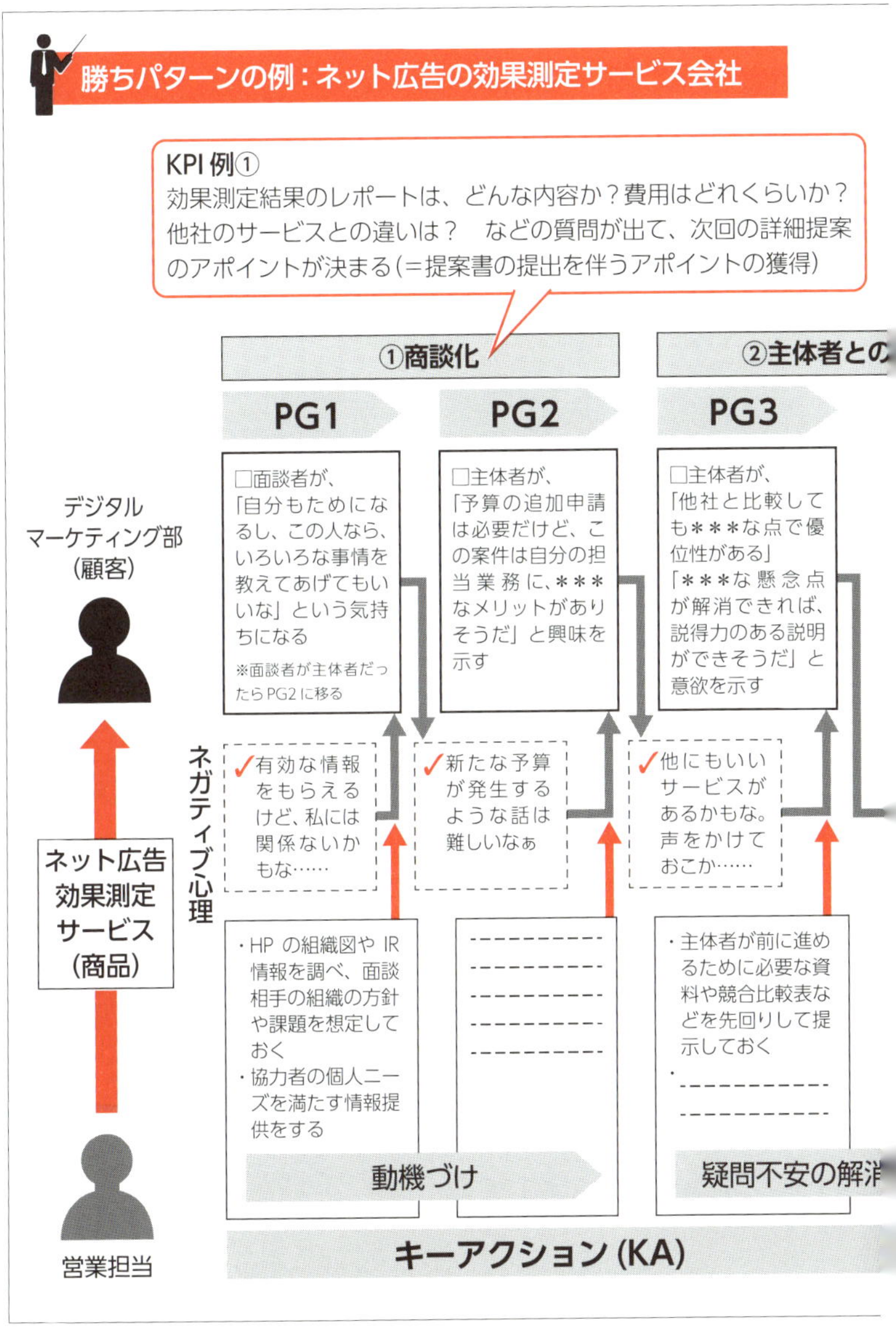
勝ちパターンの例：ネット広告の効果測定サービス会社
KPI 例①
効果測定結果のレポートは、どんな内容か？費用はどれくらいか？他社のサービスとの違いは？　などの質問が出て、次回の詳細提案のアポイントが決まる（＝提案書の提出を伴うアポイントの獲得）
①商談化
②主体者との
PG1
PG2
PG3
デジタル
マーケティング部
（顧客）
□面談者が、「自分もためになるし、この人なら、いろいろな事情を教えてあげてもいいな」という気持ちになる
※面談者が主体者だったらPG2に移る
□主体者が、「予算の追加申請は必要だけど、この案件は自分の担当業務に、＊＊＊なメリットがありそうだ」と興味を示す
□主体者が、「他社と比較しても＊＊＊な点で優位性がある」「＊＊＊な懸念点が解消できれば、説得力のある説明ができそうだ」と意欲を示す
ネガティブ心理
✓有効な情報をもらえるけど、私には関係ないかもな……
✓新たな予算が発生するような話は難しいなぁ
✓他にもいいサービスがあるかもな。声をかけておこか……
ネット広告
効果測定
サービス
（商品）
・HP の組織図や IR 情報を調べ、面談相手の組織の方針や課題を想定しておく
・協力者の個人ニーズを満たす情報提供をする
・主体者が前に進めるために必要な資料や競合比較表などを先回りして提示しておく
動機づけ
疑問不安の解消
営業担当
キーアクション（KA）

と、それは本気で検討している証だといえるわけだ。

さらに、詳しい見積や詳細提案を聞くための時間を割いてもよいと言ってくれたら、商談化していると判断しようということだ。

次に、KPI例②に書かれている「主体者との協働体制の確立」の判断基準は、

・社内関係者を説得するための顧客内部の重要資料の提供や経営会議の資料を取得できる

となっている。

これは、すでに述べているように、お客様側からネックとなる情報を開示され、その解決に向けての内部資料などを提供してもらい、協力の依頼をもち掛けてくれている状態になっていたら、二人三脚状態になっていると判断しようということだ。

このようにKPIを適切に設定することで、「勝ちパターン」が磨かれていく。それと同時に、**狙いどおりに商談を進めることができたかどうか、より客観的に検証することができ**、「戦術レベルのCheck」の精度アップにつながるのだ。

第5章

商談レベルのPDCAの回し方

A P C D

前章で述べた戦術レベルのＰＤＣＡは、勝ちパターンで描いた一連の営業ストーリーを検証、改善していくことだ。一方、商談レベルとは、一連の営業ストーリーの中で、お客様と何度も行うことになる商談、打ち合わせ、折衝などの具体的なやりとりのことである。よってこの章では、商品説明の仕方、聞き方といった、一つ一つのやりとりに磨きをかけていくためのＰＤＣＡの回し方について詳しく解説していきたい。

第２章でも記したとおり、ハイパフォーマーはそのやりとりの中でも「動機づける力」が違うことを述べた。**「動機づける力」とは、お客様の興味関心事を想定し投げかけ、お客様の問題解決への期待値を高め、話を続けるメリットを感じていただく力のことだ。**この力をつけることで、第４章でも述べたように「商談化」できる確率が高まるのだ。

この章では、商談化率が高まるための「動機づける力」を中心に、そのＰＤＣＡの回し方を説明したい。

1 商談レベルのPlanのポイント

商談レベルのPlanとは、言い換えると、お客様とやりとりをする前に想定し、準備しておくことだ。では、具体的にはどのような想定をしておくことが、「動機づける力」につながるのか、説明していこう。

①お客様を動機づける2つのステップ

お客様を動機づける2つのステップは次のとおりだ。190ページの図に示す会話の流れを見てほしい。

【ステップ1：想定質問をする】

着目した小さな事実から、お客様のお困りごとや興味関心事の仮説を立てて、投げかけることだ。

お客様を動機づける2つのステップ

「動機づける力」とは、お客様の興味関心事を想定し投げかけ、お客様の問題解決への期待値を高め、話を続けるメリットを感じていただく力のこと。「動機づける力」を高めることで、商談化率を高める。

ステップ1 想定質問をする

着目した小さな事実から、お客様のお困り事や興味関心事の仮説を立てて、投げかけること

【住宅リフォーム会社の例】

想定したこと(仮説)

小さな事実	推測
時期：7月 風呂場の脱衣室に置きっ放しの電気ストーブを発見	❓冬、お風呂に入る時寒いのかも… ❓収納スペースがなくて、置きっ放しにしているのかも…

想定質問

「脱衣室に電気ストーブを置かれてましたが、収納場所でお困りですか？」

「そうだね、歳をとると冬は寒くてねぇ。あと、梅雨時は、洗濯物が乾かないから、ストーブをつけて風呂場で乾かしてるんだよ。」

ステップ2 お客様にとってのメリットを具体的に伝える

お客様に具体例を伝え、問題解決のイメージをもって頂くこと

【住宅リフォーム会社の例】

❗私のお客様で、お風呂のカビに悩んでいた方が、浴室乾燥機を設置したのですが、今では、冬の浴室暖房や衣類の乾燥機代わりにも活用されているそうですよ。

❗なにしろ、火を使わないから安心です。
風呂場は3分くらいですぐに暖かくなりますし、衣類もタイマーをセットしておけば、外出中に乾いているそうですよ。

この住宅リフォーム会社のケースでは、脱衣室においてある電気ストーブに着目し、

「冬、お風呂に入る時、寒いのかも……」

「収納スペースがなくて、そのまま置きっ放しにしているのかも……」

と仮説を立てて、投げかけている。

仮説が正しいかどうかに関わらず、お客様側からすると**「こちらの状況を踏まえて、何か考えてくれているのかな」という小さな期待感をもっていただく**ことが、想定質問をするポイントだ。

【ステップ2：お客様にとってのメリットを具体的に伝える】

お客様に具体例を伝え、問題解決のイメージをもっていただくことだ。

190ページの図「お客様を動機づける2つのステップ」にある住宅リフォーム会社の例でいえば、浴室乾燥機の導入事例を**エピソードとして話すことで、リアリティーが伝わる。**そして、そのお客様がどんなメリットを感じているのかを伝えている。決して、**浴室乾燥機のパンフレットを取り出して、その機能説明をしていないことがポイント**だ。

住宅リフォーム会社の例Ⅰ

①着目した小さな事実	②想定したニーズ・お困りごと
小学生くらいの男の子3人兄弟の写真が玄関に飾ってある 子供用のサッカーユニフォームが部屋に干してある	毎日の洗濯物が、大変なのではないか。特に、雨の日に干す場所には苦労しているのではないか 食事の後の洗い物も、大変なのではないか そろそろ子供部屋を個室に分けたいと思っているのではないか

②想定力の磨き方

「想定する」とは、何らかの仮説を立てることだ。**「仮説」とは事実に基づいた推測**である。事実に基づかない推測は、単なる妄想にすぎない。

つまり、**想定質問ができる人は、お客様に目を配りながら、「あれ？」「おっ！」と思う「小さな事実」を拾っている**のである。

ここで例示している住宅リフォーム会社の場合でも、ハイパフォーマーは、事前の下調べを入念に行っている。

例えば、グーグルマップを使えば、周辺の環境が実際に行かなくてもわかる。幹線道路や線路の近くであれば、騒音対策の仮

住宅リフォーム会社の例Ⅱ

①着目した小さな事実	②想定したニーズ・お困りごと	③提供できる商品・サービス	④メリットが伝わる具体例
小学生くらいの男の子３人兄弟の写真が玄関に飾ってある 子供用のサッカーユニフォームが部屋に干してある	毎日の洗濯物が、大変なのではないか。特に、雨の日に干す場所には苦労しているのではないか	浴室乾燥機の設置提案	Ａ様邸の事例 洗濯乾燥機よりも多くの衣類を、早く乾かすことができたと喜んで頂けた
	食事の後の洗い物も、大変なのではないか	ビルトイン型の食洗器の提案	Ｂ様邸の事例 洗い物が楽になり、さらに、食後に子供との会話が増えた
	そろそろ子供部屋を個室に分けたいと思っているのではないか	子供部屋のリフォーム提案	Ｃ様邸の事例 兄弟ケンカをしなくなり、長男が受験勉強に専念できた

説が立つ。マンションの場合は、事前に築年数や間取りを調べることからいろんな想定ができる。ご自宅を訪問した時も、飾ってある写真や置物にさりげなく目を配り、お客様の趣味や興味関心事に想像を巡らしている。図「住宅リフォーム会社の例Ⅰ」は実際の営業が考えたものだ。

ハイパフォーマーは、①に基づき②を想定して、**想定質問を投げかけながら、想定どおりか確認する。そのＰＤＣＡを数多く回す**ことで、想定の精度を上げているのだ。

③具体例を語れるように準備をする

次にお客様とのやりとりの前に行っていることは、193ページの図「住宅リフォーム会社の例Ⅱ」に示している「②想定したニーズ・お困りごと」に対して、「③提供できる商品・サービス」を思い浮かべていることだ。この③の部分は、おおよそ誰もが行っているが、**動機づける力が上手い人は、「④メリットが伝わる具体例」まで準備している。**

よく陥りがちな失敗例は、お客様のニーズやお困りごとが想定どおりだと、ついつい売りたい気持ちが先走ってしまい、すぐさま商品パンフレットを取り出して、熱心に説明してしまうことだ。その説明の仕方も、「この商品はこんな機能もあって、お手頃な価格で、……」といったアピールしたい機能や特徴を一方的に話してしまう。ふと気づくと、なんとなくお客様が引いてしまっている、そんな経験をしたことはないだろうか。

ここで大事なのは、「動機づける」ことだ。そのためには、お客様に問題解決のイメージをもっていただくことが重要だ。問題解決のイメージをもっていただくための手法としては、**お客様の状況に近しい実例を取り上げ、そのエピソードを語ることが有効**だ。

事例集などを営業ツールとして用意している場合が多いと思う。もちろんそれを活用することはよいのだが、それを文面どおりに説明するだけでは、事例集を手渡して読んでいただくのと変わらない。

ポイントは、エピソードとして語ることにある。**あたかも自分が担当した事例のごとく**、商品導入までの経緯、導入後の感想などを、**物語として自分の言葉で話せるようになることだ**。

例えば、193ページの図「住宅リフォーム会社の例Ⅱ」にあるB様邸の事例では、食洗器を導入したメリットとして、

「食後に子供との会話が増えた」と書いてある。

それをそのまま言うのではなく、

「食器洗いの作業が楽になったのは、もちろん嬉しいけど、洗い物をしている時は実は孤独でね」

「それが、食洗器に洗い物を突っ込んでしまえば、食後も引き続き家族で会話する時間が取れるようになってねー」と、意外な効果に奥様が喜んでいらっしゃいました！

と、お客様の言葉を情感込めて語る感じだ。

このように、**お客様が感じたメリットをリアルに伝えることで、そのシーンが思い浮かび、お客様が自分と重ね合わせながら聞くことができる。**

そうなれば、

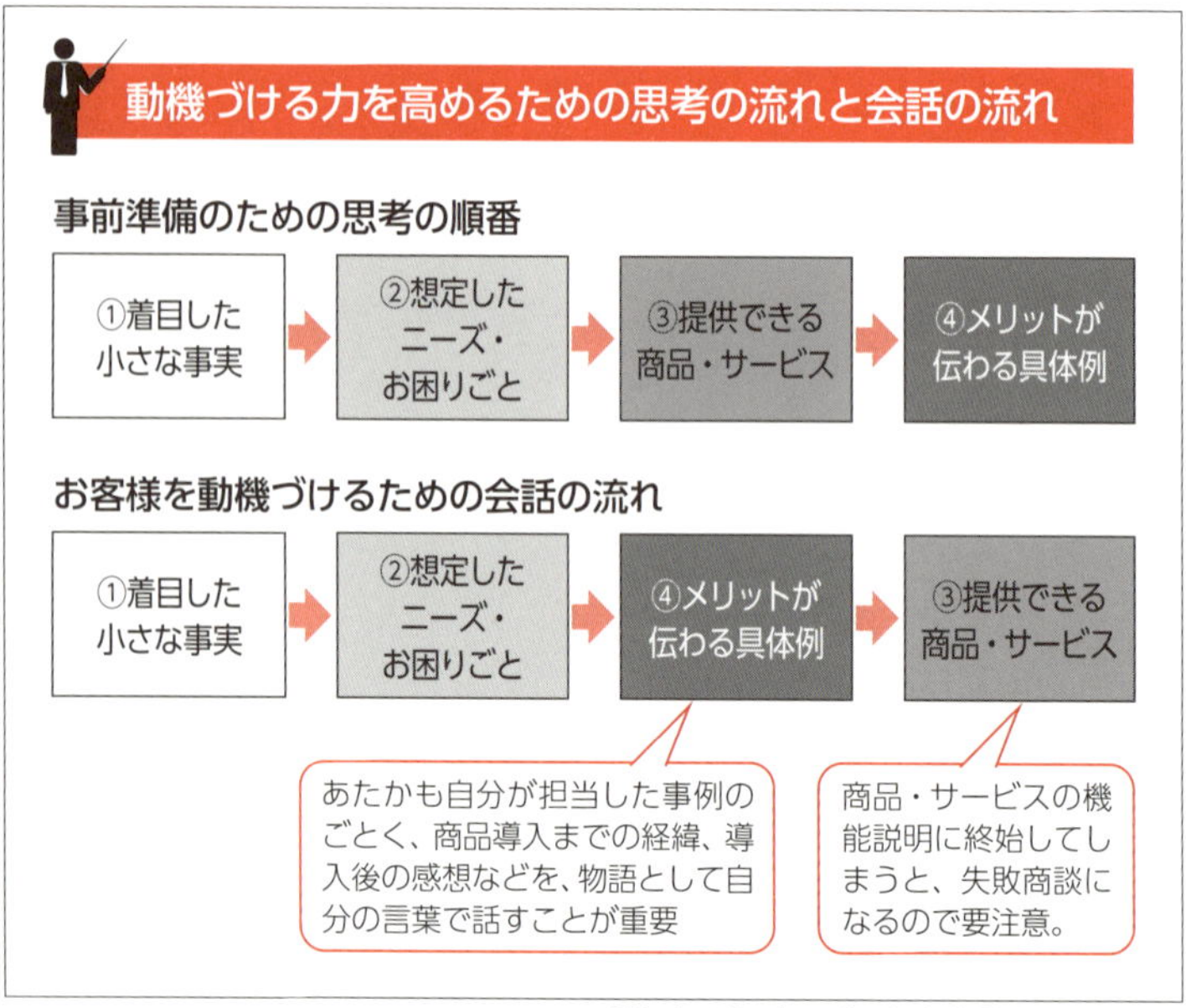

「もう少し食洗器の内容を詳しく聞かせてもらえますか？」という購買心理になりやすく、

「費用はどれくらいかかるのですか？」「ウチみたいなキッチンにも設置可能なんですか？」

といった質問が出てきたりする。それがまさしく動機づいていることだ。

お客様が、動機づいている状態になっていないのに、くどくどと商品説明をしても聞く耳をもってもらえないのだ。

つまり図「動機づける力を高めるための思考の流れと会話の流れ」に示したとおり、事前準備のための思考の順番は、①→②→③→④だが、実際のやりとりで話す順番は、①→②→④→③なのだ。

まとめると、動機づける力が上手な人は、商品説明だけではなく、お客様にメリットが伝わる具体例を語れるように事前準備を常日頃からしているのだ。

具体的には、前日に資料準備をしながらや、お客様に伺う電車の中、車の中、面談する直前まで、いろんな小さな事実を拾いながら、イメージトレーニングを繰り返しているのだ。

2 商談レベルのDo・Check・Actのポイント

お客様とのやりとりの前にニーズやお困りごとを想定し、準備したことを実践し、その検証と修正を行うことが、商談レベルのＰＤＣＡを回すということだ。実際の商談場面では、当然ながらお客様とのやりとりは、一回では終わらず、何度も繰り返される。

つまり商談レベルでは、**ＰＤＣＡをほぼ同時に何回も回すことになる。**お客様とのやりとりだけでも大変なのに、どうすればそれと並行してＰＤＣＡを回すことができるのか。そのコツにつ

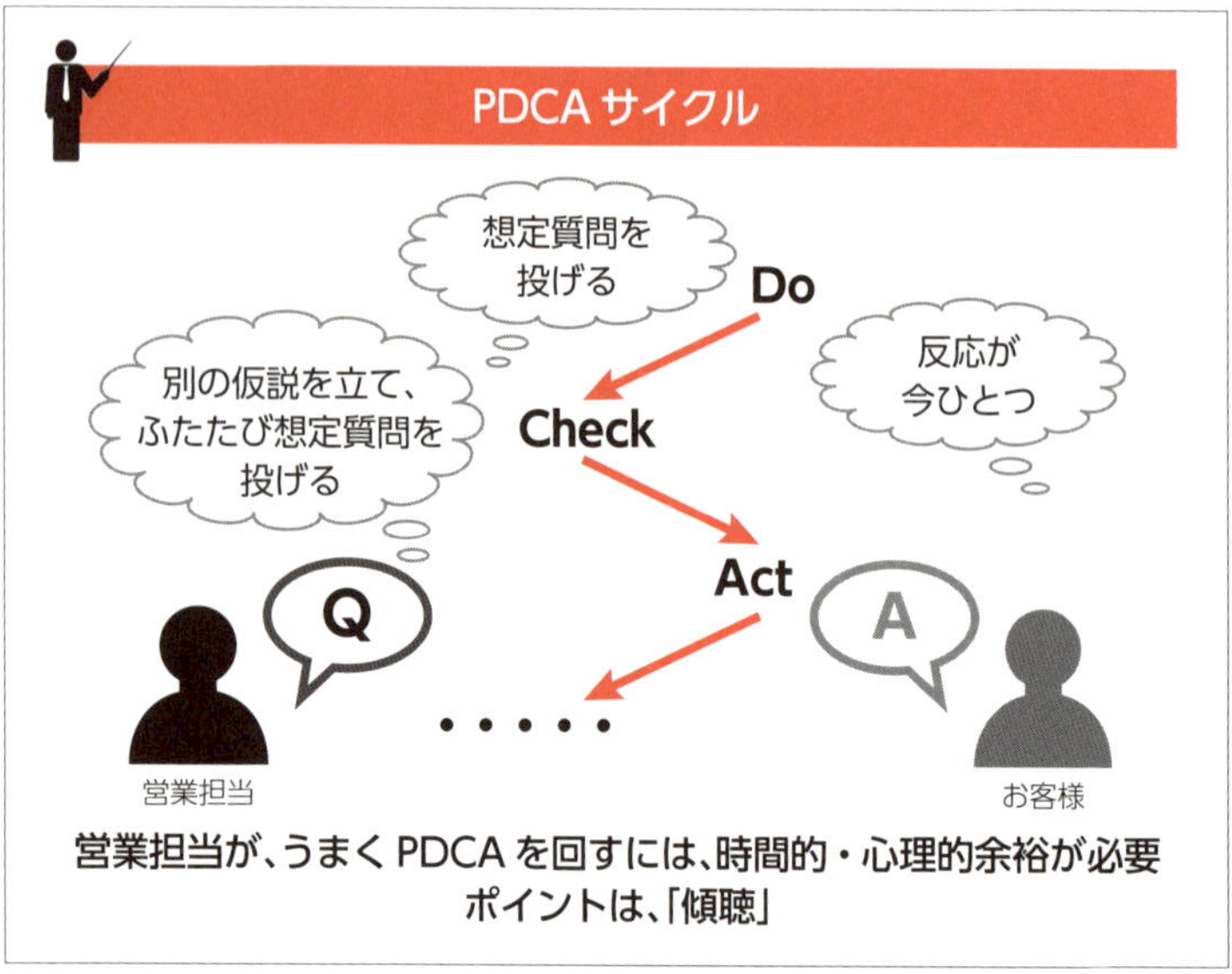

いて説明していこう。

①傾聴することで余裕が生まれる

実際の商談場面でのやりとりは、会話のキャッチボールだ。その一瞬一瞬の中でPDCAを回すことは、なかなか難しい。

例えば、想定質問というDoをしてみたところ、お客様の反応を見ると、どうも的を射ていないようだというCheckを行い、改めて別の仮説を立てて想定質問を試みるというActを実施するようなものだ。この思考回路を一回転させるためには、多少の時間的、心理的な余裕が欲しい。

この余裕を生み出す効果的な手法として、

「傾聴」という手法をご紹介したい。

「傾聴（けいちょう）」を辞書で引くと、耳を傾けて熱心にきく、という解説が出てくる。「聴」という漢字に表れているように、耳だけではなく、目と心も使って全身全霊できく、という意味だ。言い換えると、**相手の話を評価判断せずに受け止め、相手の置かれている状況や考え方や気持ちを理解しようとすること**だ。

一般的には、コーチングやカウンセリング、部下とのコミュニケーションの際にも、非常に重要なコミュニケーションスキルとして位置付けられている。営業場面でも同様で、いくら流暢に話すことができても、傾聴がしっかりできない人は、お客様のニーズも聞けず、信頼も得られず、売れなくなってしまうケースが非常に多い。

さて話を戻すと、ここで言いたいことは、この**「傾聴」をしっかりとすることで、ＰＤＣＡを回す余裕が生まれる**ということだ。

200ページの図「傾聴　４つの示す」を見てほしい。私たちが企業研修で「傾聴」の練習をする際に説明に用いている資料だ。

「①態度を示す」とは、相手に向き合う基本的な姿勢を示すことだ。人には染み付いた癖があり意外と難しいのだが、ここでは本題からそれるので割愛する。

傾聴４つの示す

①態度を示す	・アイコンタクト ・うなづき、あいづち
②理解を示す	・繰り返す ・言い換える ・要約する
③共感を示す	・気持ちを受け止める ・感情を理解する
④記録を示す	・キーワードを残す ・話の流れがわかる ・構造化、図表化する

「理解を示す」して相手に安心感を与えるポイント

相手に対して、「ちゃんと理解していますよ！」ということを伝え、安心感を与える

繰り返す	電話のやりとりなどでよく使われる、復唱するという手法。相手の言っていることをサラッと受け流すのではなく、復唱することで、その言葉を再確認する
言い換える	「つまり、……ですね」と言うように、相手の言っていることの意味を別の表現で言い換えることで、「私の理解は間違っていませんよね？」と確認する
要約する	「要は、……ということですね」と相手の言いたいことをまとめる

次に、「②理解を示す」については詳しく説明したい。これをしっかりやるだけで、商談中の時間的・心理的余裕が大きく変わるからだ。

「聴く態度」を示していたとしても、**「ちゃんと理解していますよ！」ということが相手に伝わらなければ、相手は不安になる**。その理解を示す手法として、**繰り返す、言い換える、要約する**、の3つが書かれている。**これらをお客様との会話の中で意識的に行うことで、やりとりに余裕が生まれてくる**のだ。

まず、「繰り返す」はわかりやすいと思う。電話のやりとりなどでよく使われる、復唱するという手法だ。極めて基本的な方法だが、相手の言っていることをサラッと受け流すのではなく、復唱することで、その言葉を再確認するのだ。

次に、「言い換える」とは、「つまり……」というように、相手の言っていることの意味を別の表現で言い換えることで、「私の理解は間違っていませんよね？」と確認しているのだ。

3つ目の「要約する」は、「要は、……ということですね」とまとめる言い方だ。

いずれも、**相手の発言を一旦受け止めて、咀嚼する時間が必要になる。これがDo・Check・Actの思考を巡らせる余裕を生み出す**のだ。

簡単なように見えるが、実はなかなかできないものだ。ぜひこのことを意識して、自分のやりとりを振り返り、思考の癖を確認してみることをお勧めする。**相手が話し始めた途端に、次に自分が言いたいことを考え始めている**ことに、気づく人は非常に多いと思う。

キャッチボールで例えるならば、相手がボールを投げて、まだこちらのグローブにボールが入っていないのに、別のボールを取り出して投げ返そうとしているようなものだ。

さらに、「③共感を示す」や「④記録を示す」ことをしようとすれば、もっと相手からの情報を受け止め、咀嚼する時間が必要になる。このワンテンポの間を置くことで、**相手に対しては、しっかりと受け止めてくれているという安心感を与え、自分自身としても、次のActを考える時間が生まれる**のだ。

②わからなかったら「訊く」勇気をもつ

これまで、述べてきた内容は、「聴く」についてだ。ただ、いくら相手の発言を受け止め、咀嚼しても理解できないこともある。こうなると、PDCAサイクルの思考回路はストップしてしまう。

その時、ついやってしまうことは、「なるほど……」と、わかったふりをしてしまうことだ。こ

わからないことは素直に「訊く」

「訊く」とは、質問するという意味

【わからないことが生じやすい場面】

- □ 専門用語や難解な言い回しをされた時
- □「当然ご存知でしょう?」というニュアンスで知らないことを言われた時
- □ 顧客内用語が会話に飛び交っている時

「なるほど……」と、わかったふりをして、中途半端な理解のまま会話を進めてしまう

「きくは一時の恥、きかぬは一生の恥」と心得、聴いてもわからないことは素直に訊く

れをやってしまうと、中途半端な理解のまま、お客様との話がどんどん進んでしまい、PDCAどころではなくなってしまうのだ。

例えば、専門用語や難解な言い回しをされた時や、「当然ご存知でしょう?」というニュアンスで知らないことを言われた時などだ。

特に、Check・Actは、当初の想定とのズレを確認できないと始まらないので、相手の言っていることが理解できないと致命的だ。

そのような時は、迷わず話を一旦止めて、「訊く」ことが肝要だ。

ちなみに、「きく」には、「聞く」「聴く」

「訊く」といった、似たような意味の漢字が3つある。その違いを英語に置き換えると、そのニュアンスの違いがわかりやすいと思う。

聞く：hear　聴く：listen　訊く：ask

ただ、「訊く」つまり「質問する」ことに心理的抵抗を感じて、ためらってしまうことがある。「そんなことも知らないのか、と思われるのでは……」「話の腰を折ってしまうのではないか……」などなど

でも、「きくは一時の恥、きかぬは一生の恥」ということわざもあるように、ここは勇気をもって、「訊く」べきだ。「訊く」ことへの**一瞬のためらいが、貴重な学習タイミングを逃してしまう**のだ。

聴いてわからなければ、迷わず「訊く」ことで、ＰＤＣＡが回る。

③想定外の反応の時は、すぐ確認をする勇気をもつ

自信をもって言ったことが、相手には理解されなかった、まったく的外れだった、という経験

お客様の想定外の反応への対応例

住宅リフォーム会社の例

営業担当：「脱衣室に電気ストーブを置かれてましたが、収納場所でお困りですか？」
お客様　：「いやまあ、それもそうなんだけどね……」

想定外の反応に気づき、確認する

営業担当：「あっ、申し訳ございません。的外れなことを言ってしまいましたか？」
お客様　：「実は梅雨時はね、洗濯物が乾かないからストーブをつけて風呂場で乾かしているんだよ」

↓

ちょっとした確認作業によって、早めに仮説の検証ができ、より的確な具体例に修正できる

想定外の反応に焦り、さらに続ける

営業担当：「収納でお困りでしたら、弊社のＡというストーブでしたら収納に困りません……」
お客様　：「あっ、そうですかぁ……」

↓

お客様にとっては興味のない話を聞いていることになり、気持ちが冷めていく

はないだろうか。私たちも数多く経験している。

例えば、前述したような「動機づける」場面で、事例説明を具体的なエピソードで語ってみたところ、お客様からは

「はあ、そうですか……」

とイマイチな反応だったとしよう。

その時、あなたはどうするか？

A：事例の説明をさらに付け加える

B：「あっ、的外れな話でしたか？」と確認する

よくやってしまう過ちはAだ。

想定外の反応で焦ってしまうと、Aに示したように、こちらの説明不足かもしれないと思い、さらに詳しく話を続けてしまうことが多い。ところが、お客様の視点に立つと、興味のない話を延々と聞いていることになり、気持ちが冷めてしまう。

Bは、「あっ、違うな」と感じたら、その外れたことを確認している。つまり、すぐにCheckしているのだ。この確認作業をすることで、話はおのずと軌道修正される。

住宅リフォーム会社の例でいえば、

営業担当：「脱衣室に電気ストーブを置かれてましたが、収納場所でお困りですか？」
お客様：「いやまあ、それもそうなんだけどね……」
営業担当：「あっ、申し訳ございません。的外れなことを言ってしまいましたか？」
お客様：「実は梅雨時はね、洗濯物が乾かないからストーブをつけて風呂場で乾かしているんだよ」

という事実が判明する。

このちょっとした確認作業によって、早めに仮説の検証ができ、より的確な具体例に修正するという、Actをすることができるのだ。

3 商談レベルは、S（Steal）DCAが手っ取り早い

商談レベルのやりとりは、種々様々で多岐に渡る。一挙手一投足すべてにおいて、ＰＤＣＡを回すことは現実的ではない。特に、最初のＰの部分ができない。

まったく経験したことがないケースなどでは、事前にどんな想定をして、実際にどんな話し方をすればよいか、見当がつかないことも多々あるはずだ。

そんな時は、人のやり方を盗む（Steal）ほうが手っ取り早い。もう少し丁寧にいえば、デキル人のやり方に目をつけて、まずは真似してみるのだ。

①真似上手、盗み上手な人の特徴とは？

上司や先輩と営業同行をしていても、その優れた手法をすぐに自分のモノにできる人と、お手本から学べるよい機会を無駄にしている人がいる。

先に、よい機会を無駄にしている人の特徴からいうと、次の４つが挙げられる。

a：そもそも、学ぼう、盗もう、としていない人
b：学びたいこと、盗みたいポイントが、明確になっていない人
c：上司や先輩に、そのようなやりとりをした理由や意図を聞かない人
d：すぐに真似しない、やってみない人

aの場合は論外だが、上司や先輩に営業同行してもらうと安心して、営業活動をお任せしてしまい、傍観者のようになってしまう人は実は多い。そのような人は、商談が終わって感想を聞くとすぐわかる。


「いやあ、すごいですねー」しか言わない。

「えっ、どこが？」と聞いても、

「いやあ、自分とは迫力が違います！」といった感じで、抽象的な感想しか返ってこない。

このような傾向が見受けられる人は、せっかくの**貴重な経験が「学び」につながっていない**のだ。


一方、一生懸命に人から学ぼう、盗もうとしている人は、**自分はやりとりに参加していなくても、気持ちは主体者としてバーチャルに営業活動をしている。**そして、自分ならこうするのに、上司や先輩は違った、という**差異をその場で確認**している。

さらに、bに記したことと反対に、特に確認したいポイントを絞り、そこに神経を集中させている。だから、ちょっとした違いに気が付くのだ。

「神は細部に宿る」という言葉がある。秀でた人は、細部まで妥協せずに高い完成度にこだわっている、という意味で使われる場合が多い。ということは、漫然と見ていては、その細部の違いがわからないのだ。

自分が問題意識をもっていることに焦点を絞っているからこそ、達人の技に気づくのだ。

次にcについてだが、上司先輩がやっていることの意図がわからない場合がある。

これは私がお世話になった上司の例だが、商談に入る前によく行う雑談がいつも盛り上がり、とても和やかな雰囲気で本題に入っていくのだ。特に高校野球のシーズンは、お客様の出身地の出場校の話で盛り上がる。その私の上司は、すごいことに各県の出場校をほぼ覚えていたのだ。だから、お客様の出身地を聞くと次々に歴代の出場校の名前が出てくる。必ずしもお客様の母校でなくても、郷里の話で盛り上がるのだ。

そこで、「なぜ、高校野球の話をするのか」たずねてみると、

「高校野球は、ただ自分が好きで興味をもっているから、覚えてしまうんだ」

真似上手、盗み上手になるには

いい機会を無駄にしている人の特徴		真似上手、盗み上手な人の特徴
a：そもそも、学ぼう、盗もう、としていない人 上司や先輩に営業同行してもらうと安心して、営業活動をお任せしてしまい、傍観者のようになってしまう 商談が終わって感想を聞いても、抽象的なことしか返ってこない	⟷	**学ぼう、盗もうという意識が高い** 自分が主体者でなくとも、気持ちは主体者としてバーチャルに営業活動をしている そして、「自分ならこうするのに、上司や先輩は違った」という差異をその場で確認する
b：学びたいこと、盗みたいポイントが、明確になっていない人 漫然と上司や先輩の動きをみているので、違いがわからない	⟷	**学びたいこと、盗みたいポイントが、明確** 確認したいポイントを絞り、そこに神経を集中させているので、ちょっとした違いに気が付く
c：上司や先輩に、そのようなやりとりをした理由や意図を聞かない人	⟷	**上司や先輩に、そのようなやりとりをした理由や意図を確認する** 手法そのものを真似るのではなく、意図や狙いを確認して、それを真似る
d：すぐに真似してやってみない人	⟷	**すぐに真似してやってみる**

「それよりも、郷里の話題で、お客様と話ができればよいと思っている」

「自分も九州出身だからわかるが、懐かしい故郷の話はどんな話題でも表情が緩むもんだ」

「だから、言葉に訛りがあって、ある程度の年齢の方には、高校野球の話をしてみるんだ」

と、雑談の際に意図していることを聞くことができた。

しかも、言葉の訛りや年齢層など、**お客様にまつわる「小さな事実」をキャッチし**

て、お客様と打ち解けた話ができそうな雑談の話題を考えていることがわかる。

つまり、上司がやっているように高校野球の話をそのまま真似ることは、とてもできないのだが、目的は「故郷の話題でお客様と打ち解けた話をすること」であれば、別のやり方を工夫することはできる。**手法そのものを真似るのではなく、意図や狙いを真似てみる**ことも重要なポイントだ。

②真似してやってみるからこそ、自分のモノになる

第２章でも解説したが、212ページの図「経験学習サイクル」をもう一度見てほしい。学習スピードがはやい人は、このサイクルをハイスピードで回しているということは、すでに述べた。

ただ、初めての顧客や初めての商品の営業といった場面や、営業経験が浅くて自信がないというような人は、勝ちパターンの仮説が思い浮かばない場合が多い。よって、図の①にあるように、「デキル人の勝ちパターンを盗む」方が早いのだ。

それを「とりあえず真似してやってみること」がポイントだ。

そして真似をする際には、図の②にあるように上司や先輩がそのやりとりをしている時の意

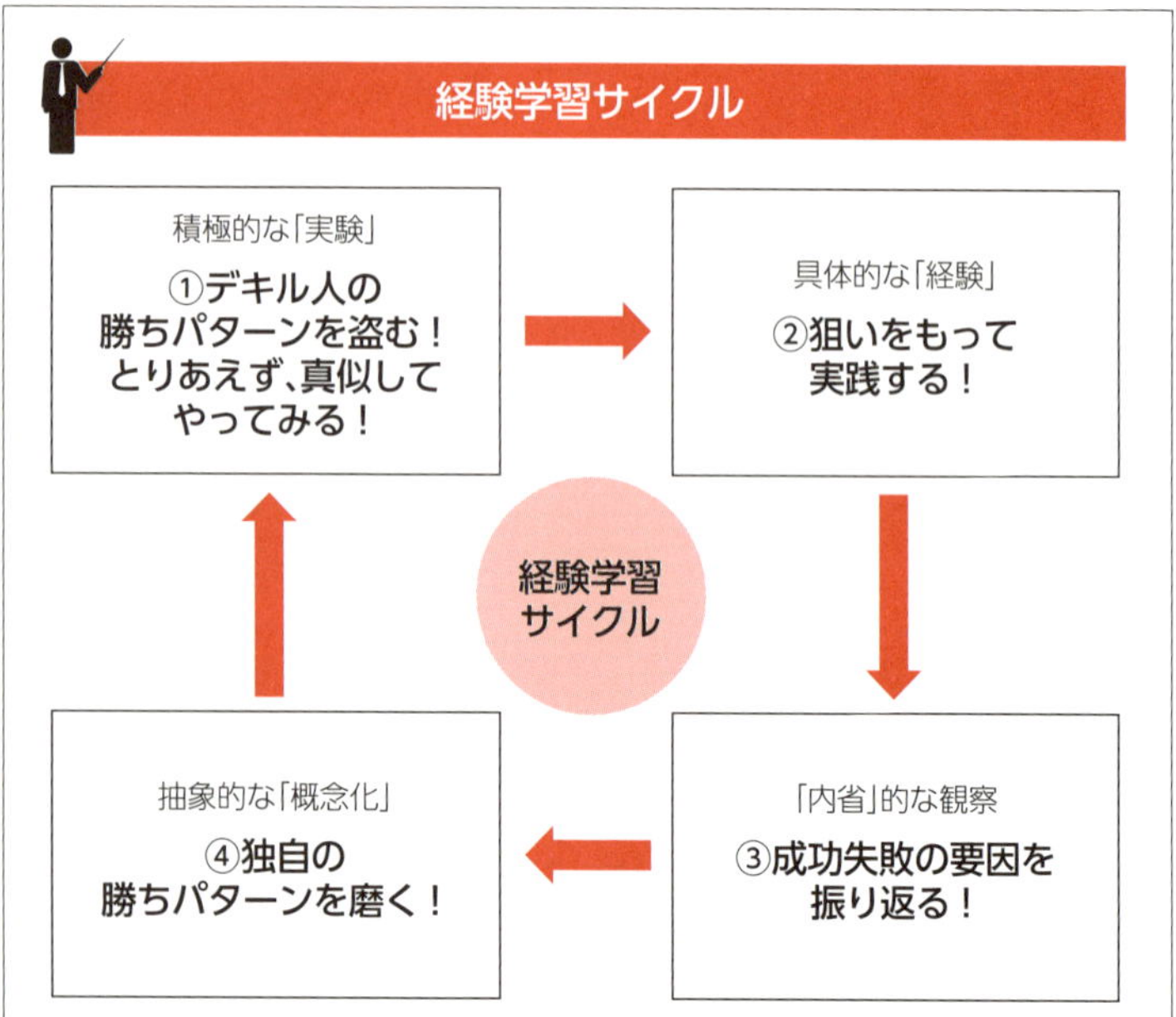

出典：David.A.Kolb(1984)
Experiential Learning Experience as the Source of Learning and Development に筆者が一部加筆

図や狙いを、意識しながらやってみることだ。そうすると、しっくりくる場合もあれば、違和感を覚える場合もある。そうなれば、自分なりの改良案は思いつきやすくなる。それが図の④に示すように、「独自の勝ちパターンを磨く」ことにつながっていくのだ。

これまで書き記してきたように、商談レベルのPDCAは、一瞬一瞬のやりとりの中での作業だ。その**一瞬一瞬のやりとりには、その人のコミュニケーションの癖やこれまでの思考習慣が出る。**

それゆえに、商談レベルのP

DCAを回すには、**これまで慣れ親しんできたやりとりの習慣を改めることが求められる。**確かに、これまで体に染み付いているやり方を、一気に変えることは難しい。

でも1日1つでよい。例えばこの章で述べてきた、

・小さな事実を拾って、想定質問をしてみる
・具体例をエピソードとして語れるように練習してみる
・復唱、言い換え、要約を試してみる
・ためらわずに「訊く」「確認」をしてみる
・デキル人から盗み、真似してやってみる

などのうち、どれかを意識して**少しずつやり続けることで、次第にそれが無意識にできるようになる。**その時点で、あなたは商談レベルのPDCAをマスターしていることになる。

最終章

これから営業リーダー、マネジメント職をめざす方へ

読者の皆さま、ここまでお読みいただき、誠にありがとうございます。

ここまでは、皆さまが一人の営業担当として、自律的にPDCAが回せるようになるための考え方をお伝えしてきました。最後に、これから皆さまが営業組織を率いるリーダーやマネジャーとなっていくことを踏まえて、営業組織全体を強くしていくための考え方をご紹介したいと思います。

図「強い営業チームで機能している2つのマネジメント」をご覧ください。この図は、営業組織全体でPDCAを回し、内外の環境が変わっても、持続的に成果を出し続けることができる営業チームの姿を表しています。

営業組織を率いるリーダーは、組織が掲げる営業目標の達成のために、営業担当を育て、動かしていくことが求められます。ただ、営業担当にも、本書で記したようなPDCAを自力で回し成長していく優秀なメンバーもいれば、その後押しが必要なメンバーもいると思います。むしろ、後押しが必要な営業担当の方が多いはずです。その際には、各営業担当が、自力でPDCAを回せるようになるための組織運営体制を整えることが必要です。

具体的には、図に示す歯車がかみ合うように、「売り方マネジメント」と「達成マネジメント」を行うことが必要です。

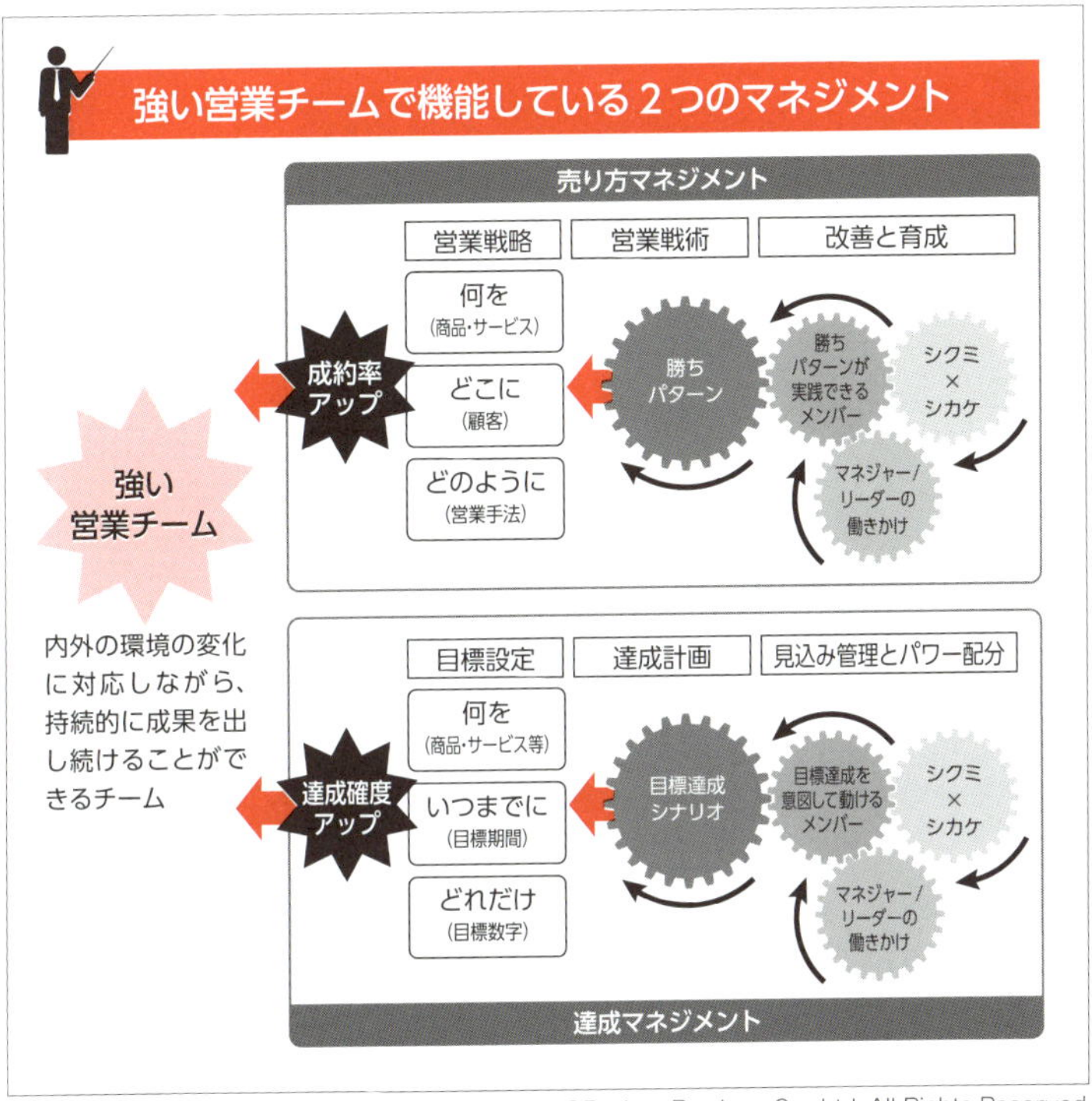

「売り方マネジメント」とは成約率を高めるために、
①「売れ筋と売り方の要点（営業戦略）」を共有し、
②「効果的な営業手法（営業戦術）」を編み出し続け、
③「手法の改善とメンバー育成（改善と育成）」を促す
この3つを営業チームに対して行う活動です。

①は、戦略レベルの観点です。会社が示す方針や戦略を咀嚼して、有効な売れ筋（どんな商品・サービスをどの顧客に）を営業担当にわかりやす

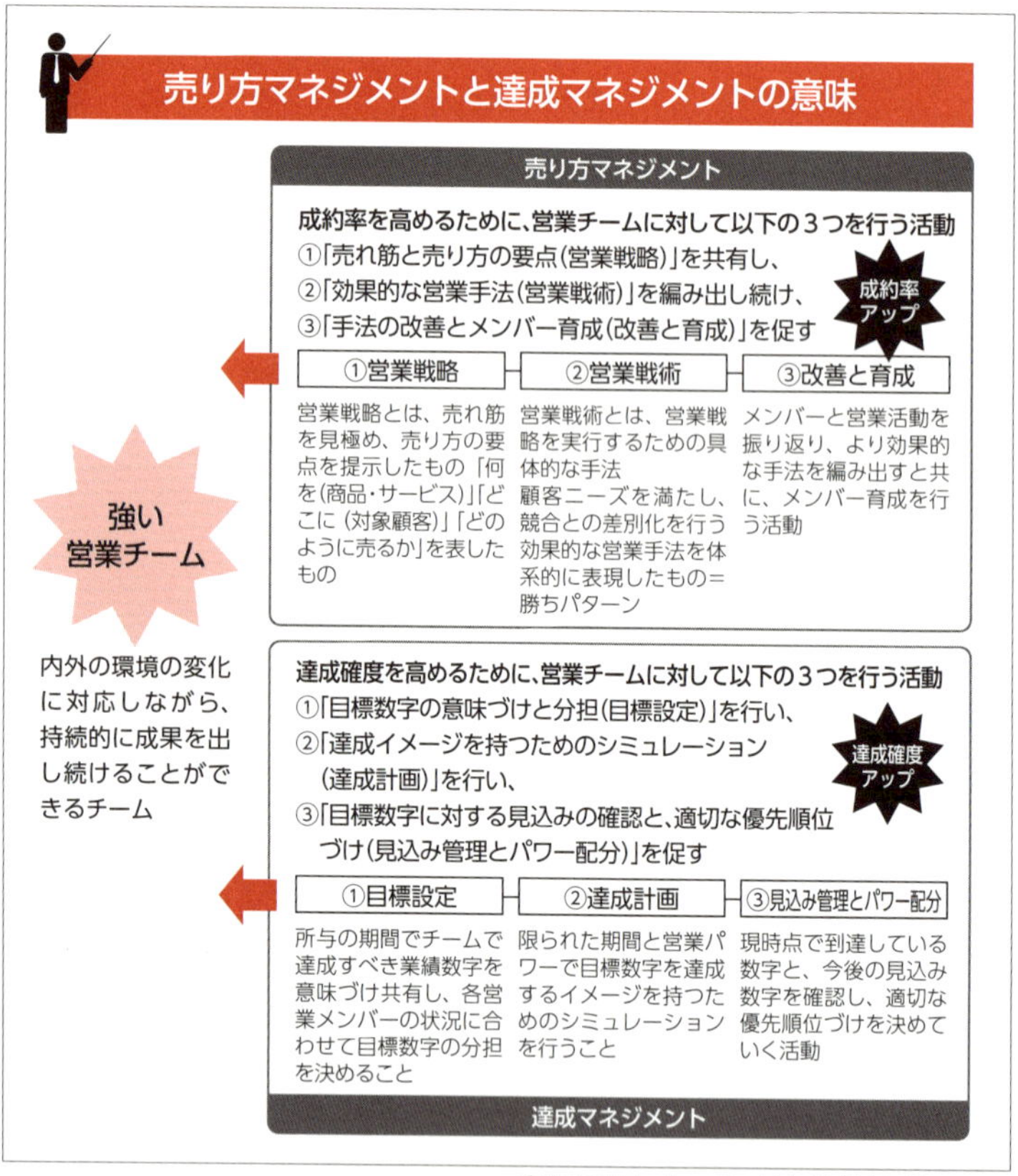
売り方マネジメントと達成マネジメントの意味
売り方マネジメント
成約率を高めるために、営業チームに対して以下の３つを行う活動
①「売れ筋と売り方の要点(営業戦略)」を共有し、
②「効果的な営業手法(営業戦術)」を編み出し続け、
③「手法の改善とメンバー育成(改善と育成)」を促す
成約率アップ
①営業戦略
営業戦略とは、売れ筋を見極め、売り方の要点を提示したもの「何を(商品・サービス)」「どこに(対象顧客)」「どのように売るか」を表したもの
②営業戦術
営業戦術とは、営業戦略を実行するための具体的な手法
顧客ニーズを満たし、競合との差別化を行う効果的な営業手法を体系的に表現したもの＝勝ちパターン
③改善と育成
メンバーと営業活動を振り返り、より効果的な手法を編み出すと共に、メンバー育成を行う活動
強い営業チーム
内外の環境の変化に対応しながら、持続的に成果を出し続けることができるチーム
達成確度を高めるために、営業チームに対して以下の３つを行う活動
①「目標数字の意味づけと分担(目標設定)」を行い、
②「達成イメージを持つためのシミュレーション(達成計画)」を行い、
③「目標数字に対する見込みの確認と、適切な優先順位づけ(見込み管理とパワー配分)」を促す
達成確度アップ
①目標設定
所与の期間でチームで達成すべき業績数字を意味づけ共有し、各営業メンバーの状況に合わせて目標数字の分担を決めること
②達成計画
限られた期間と営業パワーで目標数字を達成するイメージを持つためのシミュレーションを行うこと
③見込み管理とパワー配分
現時点で到達している数字と、今後の見込み数字を確認し、適切な優先順位づけを決めていく活動
達成マネジメント

く伝えていく必要があります。②は、戦術レベルの観点です。売れている営業担当の有効な営業手法を、「勝ちパターン」として誰もがわかるように見える化することで、そのノウハウが伝わりやすくなります。そして③は、その「勝ちパターン」を営業担当一人ひとりが、実践できるようになるために、営業同行をしながら手本を見

せたり、面談で一緒に振り返りながら、商談レベルのノウハウを伝授する働きかけが必要となります。

「達成マネジメント」とは達成確度を高めるために、
①「目標数字の意味づけと分担（目標設定）」を行い、
②「達成イメージを持つためのシミュレーション（達成計画）」を行い、
③「目標数字に対する見込みの確認と、適切な優先順位づけ（見込み管理とパワー配分）」を促す
この3つを営業チームに対して行う活動です。

①は、営業目標を設定する時の留意点です。単に営業目標数字を営業担当に伝えるのではなく、その目標数字を設定している意図を説明することで納得感が生まれます。また、各営業担当の力量、担当する市場の状況に合わせて、適切な目標数字の分担を決めることが求められます。これは、本書で紹介した「顧客ポートフォリオ表」を営業チームで共有することがポイントです。

②と③は、限られた期間と営業戦力で目標数字を達成するためのシミュレーションを日常的に営業チームで行うことです。

具体的には、本書で紹介した「達成シミュレーション表」の営業チーム版を活用し、もし現時

点で目標達成できそうにない営業担当がいたら、その不足分を誰のどんな案件で補うのかなど、目標達成シナリオをチームで共有することです。そのためには、見込める数字を常に確認し、不足分の数字を埋めていくための活動のパワー配分の感覚をチーム全員に意識づけていくことがポイントです。

最後に「シクミ×シカケ」と書かれた歯車について説明しましょう。これは、営業担当を意識づけ、動機づける環境を創り出すということです。

例えば、本書で取り上げた、「顧客ポートフォリオ表」「達成シミュレーション表」「ヒアリングフレーム」などが、営業担当にPDCAを意識づけるシクミの代表例です。これらを営業組織共通のフォーマットとして運用することで、ハイパフォーマーの考え方が、営業担当に意識づけられ、刷り込まれていくわけです。このような意味で、私たちは「シクミ」のことを営業担当への意識づけ策と呼んでいます。

一方、「シカケ」は、動機づけ策と位置付けています。つまり、営業担当のモチベーションを高めていく施策のことを指しています。例えば、最適な「売れ筋」を見出し営業組織に共有してくれたメンバーや、効果的な売り方である「勝ちパターン」を提示してくれたメンバーを表彰するなどが挙げられます。手本となるPDCAを実践したメンバーにスポットライトを当て、承認賞賛することで、その活動が促される組織風土がつくられていきます。

多くの営業リーダーは、チームマネジメントを行いながら、自らも担当顧客を持ち、個人の営業目標も担っている場合が多いと思います。いわゆる、プレイング・マネジャー（選手兼監督）として、二足のわらじを履いている状態です。その場合、営業担当一人ひとりを支援指導し、育成していくことに限界が生じてきます。

この両立を図るためには、直接的な働きかけを行いながらも、シクミやシカケという策を講じることで、営業担当には自力でＰＤＣＡを回せるようになってもらうことが必要になってくるはずです。

このように、各営業担当が自律自走する状態を創り出せるようになれば、内外の環境が変化しても、現場レベルで数多くのＰＤＣＡが回り、新たな解が生み出されるようになってきます。

皆さまが営業組織を任され、このような強くしなやかな営業組織を創り出せるようになれば、もはや一人の優秀な営業担当ではなく、営業組織を率いる立派なリーダーになっていると言えるでしょう。

最後までお読みいただいたことに感謝の意を表すると共に、本書が、皆さまの営業活動やビジネスパーソンとしての成長に、少しでも寄与できるものになれば幸いです。

また、本書で取り上げてきた事例や考え方は、弊社　株式会社プロジェクトプロデュースとお取引いただいた数多くのお客様との取り組みが礎となっています。

この場を借りまして、これまで弊社とご縁がございましたお客様に、心より御礼申し上げます。

二〇一九年　七月　吉日

株式会社プロジェクトプロデュース

代表取締役　亀田啓一郎

コア・パートナー　石田幸子

●著者略歴

亀田　啓一郎（かめだ　けいいちろう）

株式会社 プロジェクトプロデュース　代表取締役
神戸大学卒業後、リクルートに入社。法人営業、販促企画やナレッジマネジメント、新サービス開発運営のマネジメント、営業強化のコンサルティング、研修設計に従事。2006年に独立起業。1000人を超える好業績者へのインタビュー経験をもとに、その共通要素をメソッド化したサービスを開発。営業人材の育成、組織強化のプロジェクトを数多く実施。
資格：中小企業診断士
著書：売れる営業チームに育てる「シクミ」×「シカケ」（総合法令出版）
連載：「ミドル・リーダーシップ力」（日経ビジネスアソシエ）
ネット連載：強い営業チームのつくり方（営業サプリ）

石田　幸子（いしだ　さちこ）

株式会社 プロジェクトプロデュース　コア・パートナー
千葉大学卒業後、リクルートマネジメントソリューションズに入社。採用・人事関連サービスの営業を経て、採用～育成～評価・処遇などの人事制度や育成体系構築のコンサルティング、および営業人材の育成、組織開発のコンサルティングに従事。主に大手銀行、IT企業の営業強化プロジェクトを担当。また、営業管理職研修などのサービス開発も担う。その後、リクルートキャリアでは、新人・若手の成長支援サービス開発の責任者としてマネジメント職に従事。

株式会社 プロジェクトプロデュース

2007年創業。営業、接客などの顧客接点組織の強化をテーマに、年間のべ1500人を超える管理職やメンバー向けに研修や組織変革プロジェクトを行っている。特に、お客様と「営業の勝ちパターン」をつくり、営業現場への定着を支援するワークショップは、多くの業種で実績を持つ。

毎月《まいつき》目標《もくひょう》達成《たっせい》できるPDCA《ピーディーシーエー》営業《えいぎょう》

発行日　2019年　8月　1日　　第1版第1刷

著　者　亀田《かめだ》　啓一郎《けいいちろう》／石田《いしだ》　幸子《さちこ》

発行者　斉藤　和邦
発行所　株式会社　秀和システム
〒104-0045
東京都中央区築地2丁目1−17　陽光築地ビル4階
Tel 03-6264-3105（販売）Fax 03-6264-3094
印刷所　日経印刷株式会社　　Printed in Japan

ISBN978-4-7980-5932-7 C0034